教育部人文社会科学重点研究基地重大项目“全球数字
及中国应对研究”（项目编号：22JJD790010）

数字经济与贸易系列丛书

中国数字贸易测度的
理论研究和实务探索

主　编　贾怀勤
副主编　许晓娟

中国商务出版社
·北京·

图书在版编目（CIP）数据

中国数字贸易测度的理论研究和实务探索 / 贾怀勤主编. —北京：中国商务出版社，2023.8（2025.2 重印）
ISBN 978-7-5103-4711-5

Ⅰ.①中… Ⅱ.①贾… Ⅲ.①国际贸易—电子商务—测度（数学）—研究—中国 Ⅳ.①F724.6

中国国家版本馆 CIP 数据核字（2023）第 101031 号

中国数字贸易测度的理论研究和实务探索

ZHONGGUO SHUZI MAOYI CEDU DE LILUN YANJIU HE SHIWU TANSUO

主　编　贾怀勤
副主编　许晓娟

出　　版：中国商务出版社
地　　址：北京市东城区安外东后巷 28 号　　邮　　编：100710
责任部门：商务事业部（010-64269744　bjys@ cctpress. com）
责任编辑：周水琴
直销客服：010-64269744
总 发 行：中国商务出版社发行部（010-64208388　64515150）
网购零售：中国商务出版社淘宝店（010-64286917）
网　　址：http://www.cctpress.com
网　　店：https://shop595663922.taobao.com
排　　版：北京天逸合文化有限公司
印　　刷：北京建宏印刷有限公司
开　　本：710 毫米×1000 毫米　1/16
印　　张：12.5　　字　　数：195 千字
版　　次：2023 年 8 月第 1 版　　印　　次：2025 年 2 月第 2 次印刷
书　　号：ISBN 978-7-5103-4711-5
定　　价：68.00 元

本书编委会

主　任： 贾怀勤

成　员： 高晓雨　殷利梅　王梦梓

方元欣（国家工业信息安全发展研究中心政策所）

石中金　吕富生

张　敏（中国信息通信研究院产业与规划所）

齐允中（天津鼎韬研究院）

方　正　陆海生　张建国（杭州海关）

许晓娟　陈全润（对外经济贸易大学）

前　言 PREFACE

本书是教育部人文社会科学重点研究基地重大项目“全球数字贸易治理动向追踪及中国应对研究”（项目编号：22JJD790010）的阶段性成果，由中央网信办、工信部和商务部成立的国家数字贸易专家咨询组成员、对外经济贸易大学贾怀勤教授主持研究和总纂，由国内多家智库和高校的学者与专家分工协作而完成的国内首部数字贸易统计测度理论、方法和实务专著。这些单位（按内容文字在本书出现的顺序排列，对外经济贸易大学除外）是国家工业信息安全发展研究中心政策所、中国信息通信研究院产业与规划所、天津鼎韬服务外包研究院（简称天津鼎韬研究院）、杭州海关和对外经济贸易大学（其中前两家是中央网信办、工信部和商务部成立的国家数字贸易专家工作组智库支撑单位成员）。

本书研究课题酝酿于 2021 年 1 月 6 日“数字贸易测度融合比法”专题研讨会（在线）——因会议日期后来被称为“元陆会”而形成系列。2021 年 11 月 20 日，在“元陆会 2.0”上，各方阐述本单位的贡献内容，由此确立了编委会的单位构成。2022 年 5 月 21 日的“元陆会 3.0”基本确定编委会各成员方提供的文字稿。贾怀勤根据本人的研究成果，再整合各成员方贡献的文字，形成眉目清晰、结构完整而合理的系统性全稿。

感谢同为国家数字贸易专家咨询组成员、对外经济贸易大学世界贸易组织研究院周念利教授，商务部研究院服贸所、数字贸易研究中心李俊研究员和海关总署统计分析司李芊调研员对本课题研究的学术支持。感谢商务部服贸司和中国对外经济贸易统计学会对本课题研究的关注与支持。感谢中国商务出版社张高平主任和周水琴编辑卓有成效的工作。

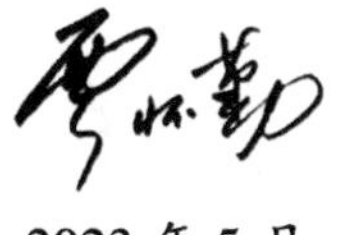

2023 年 5 月

目　录 CONTENTS

导 言

一、数字贸易数据的获取：测度还是统计？

如本书标题所写，本书研究的是数字贸易测度。开篇之际，我们先来明确一下“贸易”的指向性和“测度”与“统计”的区别。

贸易，指商品的交易行为，按交易者双方所处地域，可划分为国内贸易（内贸）和对外贸易（外贸）。贸易的这样指向，只在将内贸和外贸并提时——如内外贸一体化——才适用。通常，当在贸易前面加上交易标的修饰词时，它指的就是外贸。如货物贸易和服务贸易，其指向性都是对外的贸易，而在国内市场上没有货物贸易和服务贸易这样的说法。同理，数字贸易也是指一种新型的对外贸易形态。

这里所要说明的“测度”与“统计”的区别，不是从这两个词本身含义上辨析，而是区分获取表征贸易规模及其分布特点的数据的不同途径和方法。50 多年来（1971 年至今），国际组织先后发布过三部获取表征贸易规模及其分布特点数据的指导文献，分别是《国际货物贸易统计：概念与定义》《国际服务贸易统计手册》和《数字贸易测度手册》（*Handbook on Measuring Digital Trade*，HMDT）。它们都是指导如何获取表征贸易规模及其分布特点的数据的文献，但是第一关键词有“统计”和“测度”之别，体现在以下三方面。

首先，前两部文献推行的专项统计都构成经济统计体系的组成部分，指标设立与国民经济核算体系（SNA）和国际收支（BOP）统计“接轨”，所采集的贸易数据正是编制 SNA 和 BOP 需要的；就后一部文献设立的指标而言，其数值本来已涵盖在既有的经济统计中，但是需要使用某些方法将其“提取”出来。

其次，前两部文献提出的数据采集方法都属于国际规范，组织成员得执行并报告其贸易数据；后一部文献列出了某些组织成员获取数据的途径和方法，手册编纂者只是向全体成员提供，供他们使用或参考。

最后，由于采用的数据获取途径和方法不同，这三项统计/测度工作获取的数据，在准确性和次级指标分布数据可获性上依次减弱。由于货物贸易的数据来源于海关的强制性申报，且报关单上有多个填报栏目，各国关于货物贸易的数据准确性最高，且能够获取商品分类×贸易伙伴国别数据。服务贸易统计设计上比货物贸易复杂，首先是按四种交付方式分别统计，然后再要求统计服务品类×贸易伙伴国别数据。但是实际统计结果并不如货物贸易统计那样完善。还需要指出一点，鉴于中国幅员辽阔且各省（自治区、直辖市）都非常重视本辖区的业绩，与其他国家相比，中国的贸易统计机关还需要提供商品分类×交易地域的数据。在这方面，货物贸易统计优于服务贸易统计。《数字贸易测度手册》主张尽可能在现有统计框架中附加最低工作量的调查和测算来获取数字贸易数据，因此所测度出来的数据准确性与前两部文献相比就差许多。它也没有提出获取商品分类×贸易伙伴国别数据的建议，尽管它提供的某些组织成员测度实践也有粗线条的国别划分。

综上可知，货物/服务贸易统计是通过官方统计制度规定的程序采集贸易数据，为 SNA 和 BOP 的核算表使用，具有较高的准确度和次级指标可分性；数字贸易测度是以既有 SNA 和 BOP 为基础，通过补充调查手段来测算数字贸易数据，其准确性逊于货物/服务贸易统计，只能测算出商品分类数据。当然，政府部门也可以像货物/服务贸易统计那样，建立数字贸易统计制度，以期从基层业者那里采集原始数据，提高数据的准确性和满足次级分类需要。这需要假以时日，由商务部与国家统计局协调。贾怀勤把数字贸易测度视为近期行动，希望以较为快捷的方式获取有关数据，使主管部门和社会各界对中国数字贸易规模有概略的了解，并有助于中国数字贸易测度与《数字贸易测度手册》的指标相衔接；把建立数字贸易统计制度，采集全面、翔实的数据视为中远期目标。

二、数字贸易的兴起和国内数字贸易研究简述

20 世纪 90 年代，信息与通信技术（information and communications technology，ICT）在贸易上得以应用，出现电子商务的初始形态——在线交易撮合和成交，进而又出现了某些服务交易的在线交付——这些贸易新形态孕育出数字贸易。2010 年，美国学者韦伯（Weber）提出数字贸易的概念，这是数字贸易在学术上的肇始。在数字技术、数字内容的新产品贸易和数字技术赋能传统贸易等方面，美国走在全球各国前面。为了维护和

强化美国在数字贸易市场的优势，有关政府机构和智库对数字贸易进行了许多研究，其早期代表性作品是2013年和2014年由美国国际贸易委员会（USITC）发表的两份研究报告。报告为数字贸易下了定义，列出了它的业务范畴，指出了它对美国经济的贡献，提出了发展国际数字贸易的措施及面临的障碍。该系列报告对各国和国际社会发展数字贸易业务及开展数字贸易研究具有很大的影响。

中国对数字贸易的认识和研究起步，无疑从上述系列报告中得到诸多启发，具体着重在以下几个方面：第一，数字贸易的概念及其业务涵盖范畴；第二，数字贸易对中国经济的重要性和发展数字贸易的着力点；第三，数字贸易国家政策制定和国际规则的探讨。2015—2017年间，学术界产生了最初一批研究成果。

对数字贸易测度的方法研究和实务开展，与数字贸易业务和规则的研究平行展开。在此期间，联合国贸易和发展会议（United Nations Conference on Trade and Development，UNCTAD，简称联合国贸发会议）和美国商务部经济分析局（Bureau of Economic Analysis，BEA）只考察国际服务贸易中信息与通信技术赋能服务（ICT-enabled services，简称信通赋能服务）的贸易额，没有提数字贸易。2018年，BEA的专家Nicholson提出数字贸易测度命题，并且把信息与通信技术赋能服务区分为潜在赋能服务和实际赋能服务。2019年以后，UNCTAD以数字可交付服务取代了ICT赋能服务的表述，但实际含义不变。2017年，由世界贸易组织（WTO）和经济合作与发展组织（OECD）直接给出数字贸易规模测度的表述，当时它们提出了一个三维的数字贸易测度框架。在对数字贸易规模进行测度研究的同时，有专家及智库使用综合指数法对数字贸易的营商条件和营商环境开展研究。

中国对数字贸易营商条件和营商环境进行综合测度的带头人是沈玉良，他带领的课题组于2018年发表了第一份《国际数字贸易发展指数》报告。率先提出并推动开展数字贸易规模测度的是贾怀勤，他在2018年提出了数字贸易测度“融合比法”（method of integration ratio），并向商务主管部门提出开展数字贸易试测度的路线图。顺便指出，本书凡不使用“营商条件和营商环境”修饰语的数字贸易测度，就是指数字贸易规模测度。

数字贸易测度"融合比法"的精要是：第一，数字技术与贸易的融合使得服务贸易能够降低交易成本和提升生产效能；第二，不能止步于在潜在融合的服务贸易数据上，而要测度实际融合形成的服务贸易额；第三，测度方法是通过企业调查获取数字技术与服务的融合比，乘以相应的服务贸易分类数据，最终获得分类的实际融合形成的服务贸易额。

2020年，世界贸易组织、经济合作与发展组织和国际货币基金组织（IMF）联合发布《数字贸易测度手册》，列出了数字交付贸易、数字订购贸易和数字中介平台服务三大指标，并推荐一些成员经济体的测度方法。中国学者做出了及时反映，有的对标HMDT回顾中国的现状，有的则受数字贸易测度"融合比法"的直接指导或间接影响开始了中国数字贸易的试测度。国家工业信息安全发展研究中心（简称工信安研中心），基于该中心的"两化融合信息平台"数据，于2020年测度出2018—2019年中国数字实际交付服务进出口贸易额。2022年，该中心又进一步测度出2018—2020年中国数字实际服务和数字订购服务进出口贸易额，涵盖了除"其他政府服务"以外的全部11大类服务贸易。贾怀勤和工信安研中心的专家合作，发表了数篇关于数字贸易测度理论和方法的研究成果。在学者试测度和地方政府本地区层面测度的推动下，国家数字贸易主管机关启动了数字贸易统计制度的课题研究。

数字贸易的兴起与中国同步、平等参与国际统计规范的机遇：

1. 数字贸易全球范围的不规范与中国机遇

"二战"后的国际贸易，先是货物贸易大发展，接着是服务贸易兴起与货物贸易并驾齐驱，再就是数字贸易登上国际贸易舞台。这三者尽管相继而兴，符合国际经济与贸易的内涵规律，但是从业务内涵、规则制度和统计测度方面是不同的（见表0.1）。

表0.1 货物贸易、服务贸易与数字贸易的区别

	业务内涵	规则制度	统计测度
货物贸易	有形产品的交易	以《关税与贸易总协定》为基本框架的系统规则制度	《国际货物贸易统计：概念与定义》提供的全球统计规范

续表

	业务内涵	规则制度	统计测度
服务贸易	无形产品的交易	以《服务贸易总协定》为基本框架的系统规则制度	《国际服务贸易统计手册》提供的全球统计规范
数字贸易	数字内容的交易，对货贸和服贸的数字化赋能	没有全球性、系统性规章制度，各国力推双边、多边和区域数贸规则	尚不存在全球统计规范，《数字贸易测度手册》只是推介各经济体的经验做法

从业务内涵上来说，数字贸易不是与原有交易品类的区隔，它通过数字化赋能推动传统的货贸和服贸的交易效率、品类扩充和贸易额增长，这正是商贸界开始对其瞩目并着力推进的理由。

从规则制度看，没有全球性、系统性规章制度，各国力推双边、多边和区域数贸规则；就统计测度而言，尚不存在全球统计规范，HMDT 只是推介各经济体的经验做法。这两方面的现状正是中国的机遇，中国有机会参与国际数贸规则的制定和国际数贸测度方法的开发。而当年的货贸和服贸的规则及统计规范都已被西方发达经济体制定好了，中国只能遵从。

数字贸易的中国方案，应该在业务内涵、规则制度和统计测度三个方面取得建树，将它们贡献给国际社会。

2. 国际组织在经贸统计规范方面的引领作用和中国的跟进

货物贸易统计国际规范形成较早。这里只说出现较晚的服务贸易和刚出现不久的数字贸易的统计方法。在这方面，我们可以看到国际组织的引领作用和中国的跟进行为。如果说从 1996 年启动对标《服务贸易总协定》4 种提供模式的《国际服务贸易统计手册》编纂工作到 2002 年手册发布花去 6 年时间的话，那么从 2017 年提出数字贸易测度架构到 2020 年发布《数字贸易测度手册》只花了 3 年时间，这个进程显然加快了。

中国自改革开放以来，贸易统计逐步与国际规范接轨，统计制度建设跟进国际社会。从 2006 年颁行《国际服务贸易统计制度》以来，服务贸易统计工作有许多进步，但是提供系统的外国附属机构服务贸易（FATS）数据仍是近年的事，以至于 2019 年世贸组织编纂发布《分供式与行业的全球服务贸易数据集》(TISMOS）的中国服贸供式三的数据还是由国际组织使用数学模型估算而得。至于在数字贸易测度上，中国能与国际社会同步的只是跨境电子商务（货贸）统计，数字服务贸易统计和数字平台服务统计尚未形成全国层面的测度方法，亦无权威性测度结果。

中共十九届四中全会提出逐步实现国家治理体系和治理能力的现代化，贸易统计工作概莫能外。由于统计数据需要国际可比，所以贸易统计制度和方法建设首先得与国际规范接轨，然后才是根据中国国情的特殊需要，在吸收国际规范精神的基础上，创新中国的贸易统计。这方面还有很长的路要走。

三、贾怀勤数字贸易研究和资政的基本理念

研究数字贸易，贾怀勤作为这方面的专家，首先面对的是商务部服务贸易和商贸服务业司（简称服贸司)。因为服贸司面对的是服务业和服务贸易，它对数字贸易的考虑就只限于这个范畴，是窄范畴的数字贸易，它每年发布的数字贸易报告的统计口径与 UNCTAD 一致，即数字可交付贸易。在与服贸司讨论问题、给它做咨询时，需要认同它的理念。但是还要把视野放宽，商务部还有其他司局的职能与数字贸易有关，如电子商务和信息化司，推动电子商务行业和企业开展跨境电商（cross-border ecommerce, CBEC)；又如配额许可证事务局，推动传统外贸的数字化转型。海关总署对跨境电商的管理和统计监测，在实践中逐渐成熟，得到有关国际组织的好评。在跨境电商方面，中国具有明显优势，也是广大发展中国家有待开拓的业务。将跨境电商纳入数字贸易的业务开拓和规则谈判，有利于发挥中国的优势。电信、计算机和信息服务，是数字贸易的核心部分，连同数字可交付的服务，作为狭义的数字贸易，是技术创新引领贸易发展的重要领域，也是发达国家国际竞争重点关注的领域。无论是从业务角度，还是从学术角度，都需要平衡而有重点地处理好“窄”和“宽”的关系。

贾怀勤对数字贸易概念的界定和测度方法的探索可以概括为：认窄识宽，“二元三环”，认潜测实，融比推算。

所谓认窄识宽，是指在数字贸易的界定上，首先认同只涵盖服务贸易的窄概念，因为它集中体现数字技术及其在贸易上应用的先进性；同时也需要对将货物贸易纳入其观察范畴的宽概念有所认识。

所谓“二元三环”，是指在按宽概念考察数字贸易时，数字服务贸易和数字货物贸易是相对独立的两个单元，对其贸易规模经过不同的途径进行测度，测度结果分别列出，只在最终需要刻画数字贸易总规模时才对两者加总。依据数字技术对贸易的促成作用构建数字贸易“三环”：以电信、计算机和信息服务为数字贸易核心环，以其他类别服务为数字贸易基本环，以货物-跨境电子商务为第三环。

所谓认潜测实，是指已承认潜在的数字赋能服务（即数字可交付服务）贸易是数字服务贸易的代理指标——这是目前唯一具有国际可比性的数字服务贸易指标；还需要以其为基础，进一步测度数字技术实际促成的服务贸易。

所谓融比推算，是指通过样本计算数字技术与服务相融合的比率，来测算通过数字技术实际促成的贸易额。

2017 年秋以来，贾怀勤的数字贸易测度研究大体分为三个阶段：第一个阶段，提出数字贸易测度理念和测度方法“融合比法”；第二个阶段，国家工业信息安全发展研究中心政策所与其合作，开展基于“两化融合数据”的数字贸易试测度；第三个阶段，综合各方面研究成果，全面深化对数字贸易测度理论和方法的认识。

四、本书的研究目的、意义和架构

本书旨在回顾国内外数字贸易测度及相关问题的研究与探索，厘清自 2018 年以来中国数字贸易测度研究的动态脉络，总结贾怀勤和其他学者在数字贸易测度方面的创新研究。对国内学者后来深入开展数字贸易测度理论方法研究，本书能够起到综合的文献参考作用，以便他们能够站在既有成果之上提出新命题，产出新成果。在对中国数字贸易主管机关制定和执行中国数字贸易统计监测制度方面，本书也极具参考价值。

本书以数字贸易测度为纲，用理论和方法引领，测度实务跟进，完整呈现中国数字贸易测度的理论研究和实务的探索进程。全书架构如下：导言介绍数字贸易测度的研究背景。第一章介绍国内外关于数字贸易概念的宽窄之辩。第二章分别阐述以联合国贸发会议为代表的数字可交付服务的测度和以世界贸易组织为代表的三大指标测度体系。第三章主要梳理以“融合比法”为核心的数字贸易测度方法论的形成过程。第四章展示国家工业信息安全发展研究中心等国内智库应用“融合比法”开展数字贸易试测度的具体过程和发现。第二章到第四章都是关于数字服务贸易测度。第五章与之平行，讲述海关系统开展数字货物贸易测度——跨境电商统计的探索和创新。如果说前面所写内容，都是出于数字贸易测度的近期考虑，第六章则从中远期着眼，介绍主管机关对数字贸易统计制度设计的主要思路。数字贸易营商环境和条件的测度方法及测度结果，与数字贸易规模的测度并行，是为第七章。附录，对贾怀勤数字贸易测度的理念引领和研究推动进行纪实，并附有昭示引领和推动作用的佐证资料。

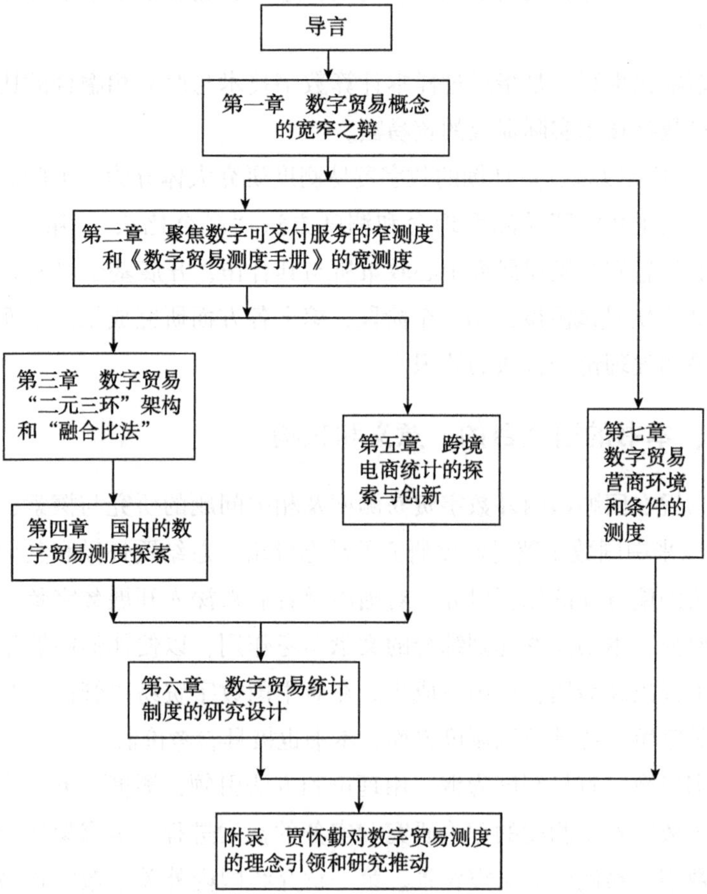

图 0.1　本书架构

第一章

数字贸易概念的宽窄之辩

从20世纪90年代始，人类社会悄然进入信息时代。尽管美国克林顿政府发起的“信息高速公路”计划受到挫折，但各国信息基础建设和应用开发的步伐一直没有停下来。2008年国际金融危机爆发后，经济数字化更是成为支撑经济全球化发展的首要驱动力。数字贸易作为数字经济的跨境运营业态，进入21世纪第二个十年有了快速发展。2017年11月11日发表的《亚太经合组织第二十五次领导人非正式会议宣言》的第二部分“打造区域经济一体化的新动力”明确提出“我们致力于共同挖掘互联网和数字经济潜力”，“将考虑采取电子商务、数字贸易等促进互联网和数字经济的行动”。这是多边首脑会议第一次将数字贸易写入会议成果文件。

在这样的背景下，世界贸易组织在《世界贸易统计评论·2017》一书中指出国际贸易圈面临“数字贸易测度新挑战”。这个新挑战在于如何测度数字贸易的总量规模和特征。国外和国内的各类官方与非官方机构、相关学者以各自的认真研究力图回答这个挑战。

截至2018年初，国内外对数字贸易（在与其他术语连用时可以简称为“数贸”）概念尚未形成共识，围绕其涵盖范畴，大致可以分为宽窄两种主张。简而言之，数字贸易的宽概念涵盖在线订货、线下提交的实体货品和服务，如B2B的在线订货的跨境货物贸易和在线签约的出境游；数字贸易的窄概念则排除线下提交的实体货品和服务，尽管它们是在线订货。

论及数字贸易，通常涉及三个方面的内容——作为主体的数字贸易业务和作为支撑的数贸规则与数贸测度。

业务推进包括数字技术的开发、数字技术的应用、企业的数字化转型和政府对于数字贸易的政策扶植。数贸规则规范数贸业务，支撑其国际竞争，各经济体之间的自由贸易区谈判往往聚焦于数贸规则的谈判。各方都想达成有利于发挥己方数字经济优势的规则，最终通过博弈取得妥协。数贸规模刻画各经济体数贸发展状况及其在国际市场上的地位，贸易数据成为各经济体制定政策和开展对外谈判的重要参考。因此，需要对数贸规模进行科学的测度，以获取全面、准确的贸易数据。

无论是规则研制，还是规模测度，首先必须明确数字贸易的概念内涵和外延。

数字贸易测度与数字贸易的关系是：概念决定测度范畴，测度范畴决定测度方法；反过来，数字贸易测度结果有助于对数字贸易概念加深理解。

迄今为止，国内外多着眼于数字贸易业务拓展和国际谈判，因而其研究围绕概念和规则展开；关注数字贸易测度的很少，本章的宽窄之辩限于从数贸业务和规则视角看问题。而数字贸易统计口径的宽与窄乃是本书的核心问题，将在以后几章详细展开。

一、美国国际贸易委员会关于数字贸易的三部报告

尽管数字贸易这个概念是2010年由韦伯最先提出的，但是国际上影响最大的是由美国国际贸易委员会（USITC）先后提出的三个数字贸易定义。

USITC于2013年6月和2014年8月先后发布研究报告《美国和全球经济中的数字贸易》第一部分和第二部分。过了三年，它又推出一份题为《全球数字贸易1：市场机会与对外贸易限制》的报告。本书将这三部报告分别称为2013报告、2014报告和2017报告。

（一）USITC三部报告的主要内容

2013报告第一章为引言，此后5章的题目分别是“美国经济中的数字贸易：数字可提交内容、社交媒体、搜索引擎和其他数字产品与服务”“美国经济中的数字贸易：广义经济中的数字技术使用”“数字贸易相关产业中的国际贸易和投资”“值得注意的壁垒和对数字贸易的障碍”“估算数字贸易对美国经济贡献的可用方法”。2014报告第一章也是引言，此后6章的题目分别是“数字贸易与美国商务：国内运营和国际贸易”“数字贸易对美国经济的广义联系和贡献”“国际数字贸易壁垒及其经济影响”“案例研究：数字贸易如何为企业和消费者创造新机会”“案例研究：大数据的兴起”“案例研究：互联网如何为国际贸易提供便利”。2013报告旨在回答概念性问题和方法性问题。2014报告侧重实证研究，对不同问题分别使用统计方法和案例分析法。

值得注意的是，USITC 也承认当前对数字贸易并不存在一个标准的或者说各方面统一认识的定义。事实上，它的两份报告就提出了两个宽窄不同的定义。2013 报告给数字贸易下的定义是："数字贸易指通过互联网提交产品和服务的美国国内商务和国际贸易。" 2014 报告将数字贸易定义为："在订货、生产或提交产品和服务环节互联网和基于互联网的技术起到显著作用的美国的国内商务和国际贸易。" 报告对数字贸易做出基本分类（见表 1.1）。

表 1.1　美国数字贸易分类

数字内容	社会媒介	搜索引擎	其他产品和服务
数字音乐	社交网站	通用搜索引擎	软件服务
数字游戏	用户评论网站	专业搜索引擎	云计算提供的数据服务
数字视频			互联网提供的通信服务
数字书籍			云计算的计算平台服务

资料来源：美国国际贸易委员会《美国和全球经济中的数字贸易》（第一部分），2013 年 6 月。

USITC 认识到，对数字贸易之于经济贡献的描述和测度存在着以下几个方面的挑战：数字贸易不存在标准定义；互联网技术的广泛使用导致不易对数字贸易与各种经济活动加以区分；现行统计不能提供对数字贸易的良好测度；许多网上服务是免费的，对其服务价值只能大概估算。尽管如此，该委员会还是在数字贸易之于经济贡献的描述和测度方面进行了深入的方法研究与实证研究，尽其所能满足官方（主要是美国参议院）和公众这方面的需求。

2017 报告第一章仍是导言；第二至七章就数字贸易的各方面业务分别阐述，依次是"互联网基础设施和网络通信服务""云计算服务：数据加工、存储、分析和软件应用""数字内容、搜索和新闻""电子商务、支付和记录""产业应用和数字技术""消费者通信和连通设施"；第八章是"影响数字贸易的管理和政策措施"。

（二）USITC 三部报告关于数字贸易定义的变化

2013 报告第一次提出了数字贸易的定义，称"数字贸易指通过互联网提交产品和服务的美国国内商务和国际贸易”。2013 报告强调必须具备网上提交这一要件，从而排除了实体货品。此为数字贸易的本初定义。2014 报告将数字贸易定义为“在订货、生产或提交产品和服务环节互联网和基于互联网的技术起到显著作用的美国的国内商务和国际贸易”。这一定义对“订货”“生产”和“提交”使用“或”连接，这就意味着只要具备网上订货这一要件，就属于数字贸易范畴。相比 2013 报告确立的本初定义，这是一条扩延的数字贸易定义。2017 报告将数字贸易定义为“任何产业内公司通过互联网提交的产品和服务”，这就又回到只限数字交付。虽然它包括电子商务的服务，但排除了在线订购的实体物品和具有数字对应形态的实体物品的价值。这意味着 2017 报告的定义较扩延的数字贸易定义大为收窄，仅比本初定义略宽一点。

这三份报告从交易方式给数字贸易下了不同定义。2013 报告规定必须通过数字方式交付，具体包括数字交付内容、社交媒体、搜索引擎和其他数字产品和服务（主要是软件服务、数据的云服务与加工存储服务、通信服务，云交付的计算平台服务）；2014 报告所作定义使用了数字技术在交易中“起主要作用”的提法，将数字订购线下交付也包括在内；2017 报告又回到只限数字交付，虽然它包括电子商务的服务，但排除了在线订购的实体物品和具有数字对应形态的实体物品的价值。三次所下定义经历了窄—宽—较窄的变化（见表 1.2）。

表 1.2　美国国际贸易委员会关于数字贸易定义的演变

版本	数字技术在交易场景中的角色	所涵盖服务贸易类别	是否涵盖线下交付的实体货物
USITC 2013 报告	必须是数字交付	数字交付内容 社交媒体 搜索引擎 其他数字产品和服务*	否
USITC 2014 报告	数字技术在交易中起主要作用	在 2013 报告基础上涵盖了数字技术起交付和订购作用的交易	没有排除数字订购的实体货物

续表

版本	数字技术在交易场景中的角色	所涵盖服务贸易类别	是否涵盖线下交付的实体货物
USITC 2017 报告	基本精神重回到 USITC 2013 报告规定	在 USITC 2013 报告所列之外加上在线订购和在线支付等交易环节的服务	不包括在线交付的实体物品和具有数字对应形态的实体物品的价值

资料来源：笔者根据美国国际贸易委员会三份报告的相关内容整理而得。

注：主要是软件服务、数据的云服务与加工存储服务、通信服务，云交付的计算平台服务。

来有为和宋芳秀（2018）注意到了从 2013 报告到 2014 报告的变化。贾怀勤（2019）则在 2017 报告发布后归纳了 USITC 定义的窄—宽—较窄的变化，并论述这一变化背后的考虑。①

如何看待 USITC 关于数字贸易概念窄—宽—较窄的变化？首先可以理解为随着时间的演进，其认识经历了反复。更重要的是，USITC 所要对待的问题不同。前两份报告主要讲的是数字贸易在美国经济中的地位和作用，美国对全球数字贸易的参与。当然也有一定的篇幅讲到国际市场竞争，比如 2013 报告的第五章专题讲述“值得注意的壁垒和对数字贸易的障碍”，2014 报告的第四章专题讲述“国际数字贸易壁垒及其经济影响”，但都是一般论述，不是针对具体国家的指责。2017 报告全面地描述了美国在数字贸易全球市场上各个子领域面临的竞争态势，并列举了它认为应该重点关注的竞争对手的种种作为，直接为美国数字贸易的全球竞争提供态势分析和应对建议。美国对数字内容和数字服务的跨境流动重视程度远甚于跨境电商货物交易，它的竞争优势和重点在于前者而非后者。因此，它还是采纳了数字贸易的窄概念，即排除了跨境电商货物交易。

二、经合组织的数字贸易的概念性架构

2016 年 5 月，英国政府发布了一份关于数字经济的报告。该报告提出的问题是：新技术使得电子商务或更一般的数字贸易影响到生产、国内贸

① 贾怀勤. 数字贸易的概念、营商环境评估与规则［J］. 国际贸易，2019（9）.

易和国际贸易。对国际社会的挑战是找到刻画这些在国际贸易统计乃至宏观统计中所含数字贸易的方法。例如，对数字产品而言，货品和服务的边界何在?《关税与贸易总协定》(GATT) 和《服务贸易总协定》(GATS) 是否适用? 怎样划分其统计类别? 互联网接入技术给国际贸易测度带来了一个新增加的复杂夹层。当测度数字贸易时，对其分类有助于决定对此类活动的统计测度如何开发。

2017 年 3 月，经合组织的一个统计工作小组提交了一份阶段性研究成果——《测度数字贸易：走向概念性架构》。该成果并没有给数字贸易下定义，只是定位于讨论国际数字贸易或跨境的数字贸易。正如标题所示，该研究认为要实现对数字贸易的测度，需要先开发出一个关于数字贸易的概念性架构。

(一) 经合组织的数字贸易概念性架构

该研究创设了一个包括特质、产品和交易方的三维架构，特质指交易过程中是否为数字订货、是否通过第三方平台、是否数字提交；产品划分为货品、服务和信息三类，交易方分为企业、消费者和政府三方。这三维分别回答如何交易、交易什么和交易者身份三个问题。电子商务三维空间中的某些立体模块被视为数字贸易，另一些则不被视为数字贸易。

如图 1.1 所示，架构的第一维是交易标的划分，即课题组所说的商品类别，将交易标的分为货品 (G)、服务 (S) 和信息 (I)。第二维是交易环节，课题组称为特质 (nature)，分为是否数字订货 (digitally ordered)，是否通过第三方平台 (platform enabled) 和是否数字交付 (digitally delivered)，这三者是“或”的关系。第三维是卖方和买方的身份关系，即 B2B、B2C 和 C2C 等。

该课题组还提供了 16 个示例，按三维分类为其定性 (见表 1.3)。首先，按数字贸易的宽概念考察，全部 16 例的订购都是线上实现或通过第三方平台，因此都属于数字贸易范畴。然后按数字贸易的窄概念考察——审视其交易标的和交付方式，可以归纳为三种情况：例一至例五，交易标的是实体货物，不能在线交付，不属于数字贸易；例六至例九和例十六，交易标的是服务，虽然是平台或在线订购，却是实态提交，也不属于数字贸易；只有例十至例十五，是通过在线交付的服务 (或信息)，属于数字贸易。

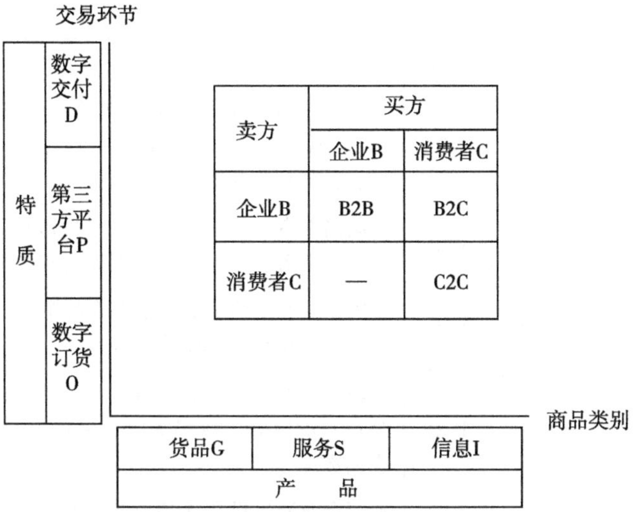

图 1.1 经合组织数字贸易架构的三维

资料来源：根据 HDTM 绘制。

表 1.3 经合组织数字贸易架构中交易按三维示例

序号	特质	货品	交易者	示例
例一	O	G	B2B	A 国企业通过网店或 EDI 线上购买 B 国供应商的货品，例如产品组件
例二	O	G	B2C	A 国消费者通过网店或 EDI 线上购买 B 国供应商的货品用于最终消费，例如衣服
例三	O&P	G	B2B	A 国企业通过设在 A 或 B 或其他国家的第三方平台（例如 eBay）购买 B 国供应商的货品，例如办公家具
例四	O&P	G	B2C	A 国消费者通过设在 A 或 B 或其他国家的第三方平台（例如亚马逊）购买 B 国供应商的货品做最终消费用，例如书籍
例五	O&P	G	C2C	A 国消费者通过设在 A 或 B 或其他国家的在线平台从 B 国消费者手里购买二手货
例六	O	S	B2B	A 国企业在线购买 B 国供应商的服务，实态提交，例如运输服务
例七	O	S	B2C	A 国消费者在线购买 B 国供应商的服务，实态提交，例如预订旅馆

续表

序号	特质	货品	交易者	示例
例八	O&P	S	B2B	A 国企业通过设在 A 或 B 或其他国家的第三方平台（例如 eBay）购买 B 国供应商的服务，实态提交，例如标准化维护和维修服务
例九	O&P	S	B2C	A 国消费者提供第三方平台（优博）购买 B 国供应商的服务，实态提交，例如出游共享汽车
例十	O&D	I（S）	B2B	A 国企业在线购买 B 国供应商的服务，数字提交，例如标准化维护和维修服务
例十一	O&D	I（S）	B2C	A 国消费者（用户）在线购买 B 国供应商（数据公司）的服务，数字提交，例如用户在线付费、查询数据
例十二	O&P&D	I（S）	B2B	A 国企业通过设在 A 或 B 或其他国家的第三方平台购买 B 国供应商的服务，数字提交，例如公司 logo 设计
例十三	O&P&D	I（S）	B2C	A 国消费者通过设在 A 或 B 或其他国家的第三方平台购买 B 国供应商的服务，数字提交，例如音乐流
例十四	D	I（S）	B2B	A 国企业线下订购 A 国供应商的服务，数字提交，例如特定咨询服务，BPO 服务
例十五	D	I（S）	B2C	A 国消费者线下订购 B 国供应商的服务，数字提交，例如在线讲课
例十六	O&P	S	C2C	A 国消费者提供设在 A 或 B 或其他国家的第三方平台（AirBnB）B 国消费者提供的服务，实态提交，例如共享食宿

资料来源：OECD. Measuring Digital Trade：towards a Conceptual Framework. OECD Headquarters，2017.

注：O 表示在线订货，P 表示网络交易平台，D 表示在线提交，& 表示“并”，G 表示货品，S 表示服务，I 表示信息，I（S）表示将信息归于服务，B 表示企业，C 表示消费者。

该课题组的第二稿将信息和服务合并统称为服务，但这并不能改变只有例十至例十五属于数字贸易的结论。

（二）数字贸易与跨境电商的关系

如果我们聚焦于电子商务的跨境交易，即跨境电商，再明确数字贸易的地域指向仅限于跨境交易，跨境电商与数字贸易宽概念的涵盖面是一致的，唯电子商务的概念出现早于数字贸易。

研究电子商务概念（在与其他术语连用时可以简称为“电商”）可以参考两个国际组织文献。2011 年，联合国经社理事会《全球化对国民核算的影响》第 13 章“电子商务”阐发了跨境电子商务统计概念，并提出了电子商务产品与电子商务服务的分类建议。其基本内容是，将电子商务活动分为两大类：①线上提交订单，线上交付；②线上提交订单，线下交付。2010 年，《国际服务贸易统计手册》第三章“M. 电子商务”一节指出：电子商务是通过互联网或其他中介网络等电子途径订购或提供产品的一种方法。原则上讲，通过电子方式提供产品的属于服务类别，通过电子方式订购货物以及跨境供应货物，基本上属于货物类别（属于服务范畴的产品除外，例如，通过固定期限使用许可证而非改变经济所有权方式获取的软件产品）。

以上两个文件关于跨境电商的概念，在交易标的“服务+货物”上，与数字贸易宽概念是一致的，代表着国际社会的统一意见。它们明确指出了两点：首先，指出电子商务与传统商务的分野，通过线上订货的交易属于前者，否则属于后者；其次，明确指出电子商务的交易标的既可以是货物，也可以是服务。

跨境电商与数字贸易概念表述上的差别在于，前者指“通过互联网或其他中介网络等电子途径”开展贸易，后者指通过数字技术手段开展贸易。鉴于随着科技的进步，“中介网络”这样的电子途径已经发展成为基于数字技术的交易平台，两者的差别趋于消失。

综上所述，跨境电商与数字贸易在涵盖范畴和交易途径上不存在实质性差别。

国内早期兴起的平台购货业务，使得业者对电子商务称谓只限于以货物为标的。直到当下，在特定的语境中，“电子商务”一词仍可以指以货物为标的的电子商务，例如在海关管理中的“跨境电商”。

近年来，许多双边和诸边自由贸易协定中都有关于电子商务或数字贸易规则的条款。数字经济发展较为落后，而重视跨境电商作用的经济体在自由贸易协定中强调关于货物贸易的电子商务规则，而数字经济处于优势的经济体更关注数字贸易规则。世贸组织叙述 2019 年达沃斯论坛讨论情况，使用了两者并列方式：digital trade/e-commerce，其后的议程安排也采用这种表述。

中国商务部颁布的《电子商务统计指标体系》将电子商务定义为：通过电子形式进行的商务活动，具体指经济活动主体之间利用现代信息技术基于计算机网络（含互联网、移动网络和其他信息网络）开展商务活动，实现网上接洽、签约、交易等关键商务活动环节的部分或全部电子化，包括货物交易、服务交易等。但是在实际执行和业务报告中，往往只针对跨境电子商务的货物交易。

三、国内关于数字贸易的不同定义

（一）早期的文献回顾

国内从 2015 年开始有研究数字贸易的成果发表，多是从规则视角谈问题、提建议。截至笔者提出数字贸易测度，尚未发现有关于测度的成果。

何其生（2012）在国内较早地引入了“数字产品贸易”的概念。

李忠民、周维颖（2014）根据美国国际贸易委员会研究报告第一部分的内容，较为详细地介绍了美国数字贸易的发展态势。

陈靓（2015）在使用“数字产品”的基础上，引入了美国国际贸易委员会“数字贸易”的新概念。

王晶（2016），李杨、陈寰宇、周念利（2016），李墨丝（2017），沈玉良、金晓梅（2017），于立新、何梦婷（2017），都探讨过数字贸易规则。

总之，各文献一致认为尚未有关于普遍接受的数字贸易的标准定义。没有任何国内文献讨论数字贸易的测度方法，它们关注的都是数字贸易的规则及其国际治理。

2018 年 4 月，商务部世界贸易组织司服务贸易处召开的一个数字贸易专家咨询会。出席此会的 9 位专家，除贾怀勤讲数字贸易测度之外，都围绕数字贸易规则发言。这一方面表明数字贸易规则的重要性，另一方面也可以看出当时国内关注数字贸易测度的人极少。

（二）2018 年以来国内关于数字贸易宽窄之辩

研究数字贸易，绕不开其概念范畴，而国内这方面研究多受 USITC 前两份报告的影响，基本上分为窄和宽两种主张。

商务部服贸司持数字贸易窄主张。服贸司 2018 年对数字贸易采用列举式定义，它指出：“数字贸易既包括数字化的产品或服务，也包括各种商品的电子商务。即数字贸易既包括了数字商品的贸易，也包括了数字化的贸易方式，是以互联网为基础、以数字化方式对传统贸易的升级……随着全球数字经济快速发展，数字贸易也将成为下一代的主要贸易方式。”① 2020 年，服贸司首先采用特征描述式，强调数字贸易“以数据为生产要素、数字服务为核心、数字交付为特征”②；后面又采用列举式，“根据数字贸易交易标的的分类，本报告将数字贸易分为数字技术贸易、数字产品贸易、数字服务贸易和数据贸易”③。

陈智国也是窄概念的主张者。他强调“数字贸易，是指交付数字产品、数字服务、数据信息的国际贸易模式，主要包含数字产品（服务）贸易和数据信息贸易”。“数字贸易不包括物理货物在线订单的价值”④。

商务部研究院主张宽概念，认为数字贸易是“依托信息网络和数字技术，在跨境研发、生产、交易、消费活动中产生的，能够以数字订购或数字交付方式实现的货物贸易、服务贸易和跨境数据流动贸易的总和，它是以数字技术为支撑，以数字服务为核心，以数字订购和数字交付为主要特征，以数字平台为主要载体，高度依赖数据跨境流动，广泛渗透到经济生活各个行业和领域的综合性贸易形态。它包括数字货物贸易、数字服务贸易和数据跨境流动贸易三大类别”⑤。

马述忠更是持宽概念的代表人物，他为数字贸易下的定义是：“数字贸易是以数字化平台为载体，通过人工智能、大数据和云计算等数字技术的有效使用，统筹贸易数字化和数字化贸易进程，实现实体货物、数字产品与服务、数字化知识与信息的精准交换，进而推动消费互联网向产业互联

---

① 中华人民共和国商务部. 中国数字贸易与软件出口发展报告 2017 [R]. 2018：3.

② 中华人民共和国商务部服务贸易与商贸服务业司. 中国数字贸易发展报告 2020 [R]. 2021：3.

③ 中华人民共和国商务部服务贸易与商贸服务业司. 中国数字贸易发展报告 2020 [R]. 2021：8-11.

④ 陈智国. 数字贸易的概念、特征、现状与发展策略 [Z]. 2020.

⑤ 李俊. 数字经济与数字贸易的理论与实践 [M]. 北京：民主与建设出版社，2021.

网转型并最终实现制造业智能化的新型贸易活动。”①

（三）贾怀勤咨政研究主张“认窄识宽”，不同场景不同对策

国内关于数字贸易的定义，按其是否涵盖实体货物，基本上分为窄和宽两种主张。

持窄主张者认为，数字贸易的核心是数字技术的贸易化，最多扩延到数字交付的服务贸易。如果把跨境电商也纳入数字贸易的范畴，表面是增大了数字贸易的规模，实际上不利于推进数字技术研究和开发，颠覆了数字技术、数字产品和数据贸易的核心地位。

持宽主张者认为，“传统实体货物仍是数字贸易的核心标的”，中国在数字贸易上的竞争优势是（货物的）跨境电商。将货物贸易囊括在内，有利于中国制造业的数字化转型，有利于中国在国际市场的竞争。马述忠等举出了跨境电商作为数字贸易核心标的6条理由。

商务部研究院的新作②，提出对数字贸易做“包容性理解和界定”。他们主张“不同场景对数字贸易关注重点应有侧重”：一是国际谈判将更关注数字贸易背后的数据流动规则和数字平台治理协调；二是国内制定政策促进发展将更关注由新型数字技术驱动、高度依赖数据跨境流动的新型数字贸易；三是数字贸易统计测度应与国际口径保持一致，即与OECE-WTO-IMF推荐的口径保持一致。贾怀勤认为这是对“认窄识宽”理念的光大。

贾怀勤与政府有关部门在沟通、咨政中，本着“认窄识宽”立场，即认同它根据其主管的业务领域给数字贸易所下定义。比如，商务部服贸司所称数字贸易仅限于服务贸易；海关总署的跨境电商统计则只针对货物开展监测，不使用“数字贸易”的称谓。但是，在国家宏观层面和出于国际交流考虑，还是要认同宽主张，否则不便于国家对数字贸易的宏观指导和规则制定，也无助于增强中国在国际组织中的发言权和影响力。这就需要学术界针对宽口径数字贸易开展研究。

贾怀勤认为，两种理念的分歧，既源于学术上的理论认识不同，也与

① 马述忠，沈雨婷，耿学用．宽口径理解数字贸易的优势［J］．中国社会科学报，2020(004)．

② 李俊．数字经济与数字贸易的理论与实践［M］．北京：民主与建设出版社，2021．

业务实践上部门分管范畴有关。两者之间不存在谁对谁错，只要在特定环境中适用即可。

贾怀勤于2020年9月被中央网信办、工信部和商务部聘为国家数字贸易专家，在会上提出研究数字贸易要“认窄识宽”，即对商务部开展咨询要认同其窄理念的数字贸易；同时也要懂得宽理念的数字贸易，且不可局限于窄理念，否则无法在其他场合与同行沟通，更不能与《数字贸易测度手册》的测度口径对接，从而无助于增强中国在国际组织中关于数字贸易测度开发进程中的发言权和影响力。

2019年贾怀勤曾阐述主要经济体在数字贸易国际竞争方面的不同优势和不同诉求，依据“认窄识宽，不同场景以不同策略对之”提出4条建议①。

1. 中美在数字贸易方面的不同优势

中国的比较优势在“卖全球，买全球”的跨境电商货物流动，美国的比较优势在可数字化的服务领域，诉求各不相同。

即将启动的世贸成员与贸易有关的电子商务规则谈判②，是磋商和制定电子商务国际规则的最重要平台。该谈判究竟如何进行，现在还不明确，但肯定是要涵盖跨境电商的货物流动与数字信息和服务流动两个领域，它们分别基于《关税与贸易总协定》和《服务贸易总协定》两个现有协定。这正好契合宽概念的数字贸易。

以窄概念来理解数字贸易，使我们可以聚焦于数字跨境服务流动领域中国与美国等发达国家的发展差距和利益差异，由此出发开展学术研究和商务对策研究。中国需要关注和跟踪研究美国与其他发达国家主导的双边、诸边贸易协定和发展战略有关数字贸易的内容，如美国曾一度主导、后又退出谈判的《跨太平洋伙伴关系协定》(TPP)、《跨大西洋贸易与投资伙伴关系协定》(TTIP)、《服务贸易协定》(TISA) 谈判和欧洲数字单一市场战略 (digital single market strategy)。这样就能为将来与美国等发达国家就数字贸易规则的双边、诸边和多边磋商做好准备。

---

① 贾怀勤. 数字贸易的概念、营商环境评估与规则 [J]. 国际贸易，2019 (9).

② 2019年1月25日，在达沃斯的电子商务非正式部长级会议上，中国、美国、日本、俄罗斯和欧盟（含28个盟员）等签署了《关于电子商务的联合声明》，确认有意在世贸现有协定和框架的基础上，启动与贸易有关的电子商务议题谈判。

2. 对主要经济体的不同诉求做出预估

中国作为最大的发展中国家，代表发展中国家的诉求，与广大发展中国家站在一起，将海关征税、跨境物流、跨境支付、电子认证、在线交易信用体系和消费者保护等列为优先磋商的议题；在电子商务的服务贸易领域，将主张寻求开放和保护之间的平衡。

美国的主要诉求是：信息自由流动；数字产品的公平待遇；保护所有者信息，包括不分享源代码；商业秘密和算法不得列为市场准入条件，不得强制技术转让；数字安全；促进互联网服务；竞争性电信市场；贸易便利化。

欧盟虽与美国、日本等一样，主张将数字的跨境自由流动纳入多边贸易规则，但是在保持欧盟国家自身文化的独立性和保护个人信息方面与美国有不同的诉求。

美国一定会把它与其他国家的双边或三边贸易协定中关于电子商务乃至数字贸易的条款作为多边谈判导向。《美墨加协定》（USMCA）首次以“数字贸易”取代“电子商务”作为数字贸易相关章节的标题，进一步明确了数字贸易的内涵，新增“网络安全”“交互式计算服务”以及“公开政府数据”条款，新增“提供增值服务条件”条款，在跨境服务贸易章的定义中，以脚注的形式明确了跨境服务贸易章的纪律也适用于“采用电子手段”生产、分销、营销、销售或交付的服务，实现已有规则的数字化升级。这是第一次以文字的形式在协定中予以明确。同时，以数字贸易为核心，在与服务贸易相关章节中设定纪律或条款，改善了原有规则无法适应数字贸易的现状。日本也将把 CPTPP 的有关条款作为世贸成员多边谈判的内容。

3. 关于中国参与数字贸易国际竞争的四条建议

第一，高度重视数字贸易领域的竞争。

全球已经进入数字经济时代，数字技术是推动新一轮全球化的主要动力，因此各国围绕数字经济、数字技术和数字贸易的竞争将以不同于以往的形式展开，而且定将比以往的竞争更为激烈。

无论当前中美贸易摩擦何时、以什么方式结束，美国都会寻求新的契机在数字贸易领域对中国进行制约。中国必须未雨绸缪，以免仓促应对。

第二，着力推进国内数字经济和国际数字贸易的发展。

发展是硬道理，只有站到数字贸易发展的前沿，才能获得更多的话语权。在数字产业化和产业数字化两个方面，中国都要加强科技投入和政策支持，开发具有竞争力的新产品，挺进国际市场，将数字贸易做大做强。尽管中国不将某些数字内容的跨境流动纳入数字贸易范畴，但是从国际文化交流的角度，也应该致力于改进和创新，讲好中国故事。

第三，运用法律武器捍卫国家利益。

要理直气壮地坚持运用《中华人民共和国网络安全法》的法律条文，特别是第十二条第二款“任何个人和组织使用网络应当遵守宪法法律，遵守公共秩序，尊重社会公德，不得危害网络安全，不得利用网络从事危害国家安全、荣誉和利益，煽动颠覆国家政权、推翻社会主义制度，煽动分裂国家、破坏国家统一，宣扬恐怖主义、极端主义，宣扬民族仇恨、民族歧视，传播暴力、淫秽色情信息，编造、传播虚假信息扰乱经济秩序和社会秩序，以及侵害他人名誉、隐私、知识产权和其他合法权益等活动”来“保障网络安全，维护网络空间主权和国家安全、社会公共利益，保护公民、法人和其他组织的合法权益，促进经济社会信息化健康发展”。

针对 2017 报告所提市场准入和投资问题，中国 2019 年 3 月已经通过了《中华人民共和国外商投资法》(简称《外商投资法》)，给外商以准入前国民待遇，取消了股权比例限制，展示了中国进一步对外开放的胸襟。此法与外商投资负面清单相挂钩。根据 2018 年的负面清单，“禁止投资互联网新闻信息服务、网络出版服务、网络视听节目服务、互联网文化经营(音乐除外)、互联网公众发布信息服务（上述服务中，中国入世承诺中已开放的内容除外）”。将要出台的与“三法合一”的《外商投资法》相匹配的负面清单，应该坚持 2018 年负面清单的精神。

第四，在数字贸易国际规则制定中与相关方开展合作。

鉴于各国所处的发展阶段和发展水平各不相同，发展的目标和任务也不尽相同，国际规则的制定应该符合各国的发展要求。适宜的规则应该能够促进全球发展和繁荣，有助于实现包容普惠、互利共赢。片面追求规则的高标准和整齐划一的表面平等，反而会造成事实上的不平等。

中国可以在探讨制定数字贸易国际规则中与俄罗斯、印度、印度尼西亚等新兴经济体和欧盟及其成员开展不同程度与不同形式的协同，争取制定对新兴经济体和其他发达经济体较为有利的数字贸易规则。

由于百年未有的大变局造成的剧烈变动，贾怀勤在2019年对数字贸易国际谈判的前景展望并未出现，但是所描述的基本态势和所提原则建议还都是适用的。

第二章

聚焦数字可交付服务的窄测度和《数字贸易测度手册》的宽测度

数字贸易基本概念上的宽窄主张，反映在对数字贸易规模的测度上必然存在宽窄两种指标（体系）。联合国贸发会议（UNCTAD）和美国商务部经济分析局（USBEA），聚焦服务贸易的数字赋能，对数字赋能的服务贸易进行测度；经合组织和世贸组织从数字贸易宽概念出发，依据数字贸易三维架构，提出了对数字交付贸易、数字订购贸易和数字中介平台服务三组指标开展测度。

一、UNCTAD & USBEA 聚焦数字可交付服务

从国际收支表经常项目的服务分类中摘取与数字贸易相关的服务类别，相继使用过潜在信通技术赋能服务（简称潜在 ICT 赋能服务）和数字可交付服务（digitally-deliverable services）两个提法。

（一）潜在 ICT 赋能服务

联合国贸发会议采用 ICT 赋能服务的概念，基于联合国主要产品分类（CPC）将服务贸易分为潜在 ICT 赋能的和不可以由 ITC 赋能的两类。具体分类如下，加 * 号的为潜在 ICT 赋能服务，共 6 类。

按《2010 年国际收支服务扩展分类》（EBOPS2010），服务贸易第一层分为以下 12 类：

（一）对他人拥有的有形投入进行的制造服务（简称加工服务）；

（二）别处未包括的维护和维修服务（简称维护和维修服务）；

（三）运输服务；

（四）旅行；

（五）建筑服务；

（六）保险和养老金服务（简称保险服务）*；

（七）金融服务*；

（八）别处未包括的知识产权使用费（简称知识产权服务）*；

（九）电信、计算机和信息服务（简称 ICT 服务）*；

（十）其他商业服务*；

（十一）个人、文化和娱乐服务（简称个人文娱服务）*；

（十二）别处未包括的政府货物和服务（简称政府服务）。

美国商务部的立场和主张不同于作为咨询机构的美国国际贸易委员会，它尚未使用数字贸易这个概念。其一，它更关注的是全球信息自由流动（the global free flow of information online）。其二，它使用的是数字可交付服务这样的提法，即可以使用数字技术提交的服务。在这个项下，数据涵盖了完全使用数字技术、部分使用数字技术和不使用数字技术提交的服务。它也使用另一个与之同义的提法——数字赋能服务（digitally-enabled services），指在技术上具备了网上提交可能的服务。按此口径，美国2011年数字可交付服务出口额①为3574万亿美元，占服务出口的60%，占货物和服务总出口的17%。同期美国数字可交付服务进口额②为2219万亿美元，占服务出口的56%，占货物和服务总进口的8%。

2012年，美国BEA专家博尔加和布伦纳尔提出了两个相同内涵的概念：数字赋能服务和信通技术赋能服务（ICT-enabled services，将之定义为“数字信息和通信技术对其跨境贸易起到重要作用的服务”）③。

乔舒亚·梅尔特泽尔（Joshua Meltzer，2013）建议“政府应用现有国际贸易规则和规范，辨明何处需要新贸易规则，以便进一步支持互联网和跨境数据流动使之作为国际商务和贸易的驱动力”。

乔斯林·玛德琳（Joscelyn Magdeleine）和安德里亚斯·马瑞尔（Andreas Maurer）（2013）关注创意设计和文化产品等新型贸易品的贸易方式，既有传统的以货物为载体的贸易，也有通过线上交易的无载体贸易。他们指出“货物与服务的界限越来越模糊，现有的划分方式不足以详细分类相应的新型贸易，有必要更进一步审视怎么运用和完善现有的统计分类”。

2016年，美国BEA专家艾莱克西斯·N. 格立姆（Alexis N Grimm）把数字贸易分为信通技术服务、潜在信通技术赋能服务和非潜在信通技术赋能服务。在“信通技术赋能服务”前面加“潜在”（potential）一词，是

① 出口额一般指出口贸易额，又称出口规模，下同。

② 进口额一般指进口贸易额，又称进口规模，下同。

③ 2012年，玛利亚·博加尔、简尼弗. 孔兹-布伦纳尔发表于《当代商业概览》的文章。

因为不能在国际收支表的数据采集过程中直接获得信通赋能服务的数据，而只能根据信通技术在该服务提供的应用可能来划分“潜在”和“非潜在”①。他尝试在现有的国际收支表的服务子项中核算数字贸易的进、出口贸易额和贸易平衡。

ICT 服务，指为信息加工和电信提供支撑的服务，包括电信服务、计算机服务和使用联系于计算机软件的智慧财产所发生的付费。

ICT 赋能服务，指通过信息和电信网络远程交付的服务，包括能够用电子技术辨识、展示、交付、评价和消费的各项活动。

潜在 ICT 赋能（PICTE）服务，指能够通过 ICT 网络远程交付的服务。不能确知是否事实上实现了这样的交付。

以上这个数字服务贸易的分类方法被称为格立姆法。

格立姆对美国 2014 年服务的 12 类之下的细类按上述 3 条标准进行区分，并列出了各类的出口贸易额、进口贸易额和贸易平衡（见表 2. 1a）。而本书作者在其细分的基础上整理出粗分类的出口贸易额、进口贸易额和贸易平衡（见表 2. 1b）。

表 2. 1a　2014 年美国服务贸易格立姆法细分类

单位：亿美元

项目	大类代号	出口贸易额	进口贸易额	贸易平衡
维护和维修服务（他处未列）	TS	223. 98	74. 68	149. 21
运输服务	TS	900. 31	942. 19	-41. 88
旅行（教育目的除外）	TS	1772. 41	1107. 87	664. 54
保险和养老金服务	PICTE-S	174. 17	500. 96	-326. 79
金融服务	PICTE-S	872. 90	195. 03	677. 87
知识产权使用（他处未列）	MS	1303. 62	421. 24	882. 38
工业流程	PICTE-S	487. 23	237. 83	249. 40
计算机软件	ICT-S	395. 14	67. 73	327. 41
商标	PICTE-S	168. 83	D	D
特许费	PICTE-S	57. 35	D	D

① 艾莱克西斯·N. 格立姆. 美国的信通技术服务和信通赋能贸易趋势［J］. 当代商业概览，2016.

续表

项目	大类代号	出口贸易额	进口贸易额	贸易平衡
视听及相关产品	PICTE-S	194.14	76.43	117.71
其他知识产权	PICTE-S	0.94	1.14	-0.20
电信、计算机和信息服务	MS	358.85	333.14	25.71
电信服务	ICT-S	135.50	66.56	68.94
计算机服务	ICT-S	153.10	243.86	-90.76
信息服务	PES	70.25	22.72	47.53
其他商业服务	NOCAT	1295.14	957.52	337.62
研发服务	PICTE-S	331.92	330.48	1.44
专业和管理咨询服务	PICTE-S	594.87	381.63	213.24
技术、贸易相关和其他商业服务	NOCAT	368.34	245.42	122.92
建筑工程服务	PICTE-S	123.43	49.86	73.57
建筑施工	TS	19.71	22.61	-2.90
工业工程	PICTE-S	40.85	26.91	13.94
采矿	TS	37.97	17.62	20.35
经营性租赁	TS	75.05	35.09	39.96
贸易相关服务	TS	12.69	13.90	-1.21
体育和演艺	TS	8.17	9.92	-1.75
培训服务	PICTE-S	25.15	12.60	12.55
其他商业服务（他处未列）	PICTE-S	25.32	56.90	-31.58
政府货物和服务（他处未列）	NOCAT	204.38	241.63	-37.25

资料来源：笔者重新整理，原载美国《当代商业概览》2016年6月。

表2.1b　2014年美国服务贸易格立姆法粗分类

单位：亿美元

项目	代号	出口贸易额	进口贸易额	贸易平衡
总计（不分类）	NOCAT	7105.65	4774.28	2331.37
现代服务	MS	3851.08	2308.75	1542.33
其中：信通技术服务	ICT-S	683.74	378.15	305.59
潜在信通技术赋能服务	PICTE-S	3167.34	1930.60	1236.74

续表

项目	代号	出口贸易额	进口贸易额	贸易平衡
传统服务	TS	3254.57	2465.53	789.04

资料来源：贾怀勤重新整理，原载美国《当代商业概览》2016年6月。表中：
NOCAT表示服务不分类；
MS表示现代服务；
ICT-S（又写作ICTS）表示信通技术服务；
PICTE-S（又写作PES）表示潜在信通技术赋能服务；
TS表示传统服务（即格立姆所说非潜在信通技术赋能服务）。

从表2.1b可知，美国服务贸易无论是传统服务还是现代服务，都享有顺差，但是顺差主要来自现代服务。在出口服务中，现代服务占54%，其中潜在信通技术赋能服务占45%、信通技术服务占10%[①]；传统服务占46%。在进口服务中，现代服务占48%，其中潜在信通技术赋能服务占40%、信通技术服务占8%；传统报务占52%。

图2.1所展示的美国服务进出口贸易额在2016年的规模虽较2014年有所提升，但其结构与2014年大致一样。

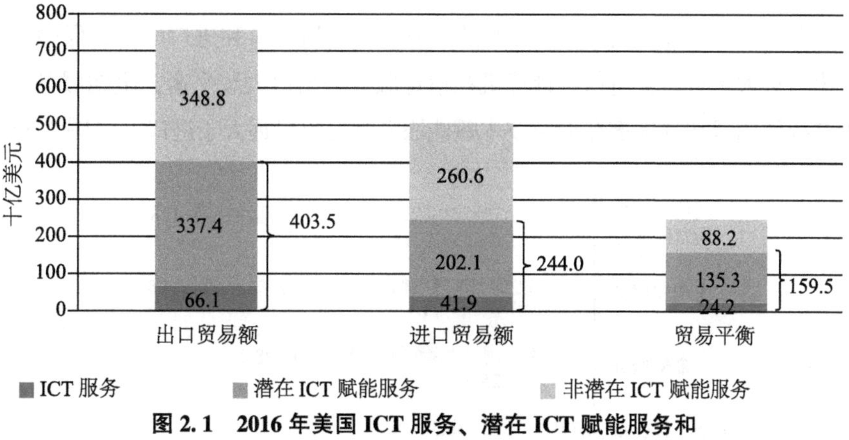

图2.1 2016年美国ICT服务、潜在ICT赋能服务和非潜在ICT赋能服务进出口贸易额

资料来源：美国BEA。

BEA资深经济学者Jessica Nichholson 2018年4月16日提交给UNCTAD“电子商务周”的讲座稿《测度美国的数字贸易》，重申格立姆

① 因四舍五入关系，分项相加并不一定等于总项。

对服务贸易分类法，绘制出美国1999—2015年相关数据的统计图。图2.2提示：美国国际服务贸易出口总额中潜在ICT赋能服务占比在1999—2015年间缓慢提升，到2009年以后大致稳定；其进口状况也在同时间经历了由上升到平稳的变化过程，只是进口占比一直低于出口占比。

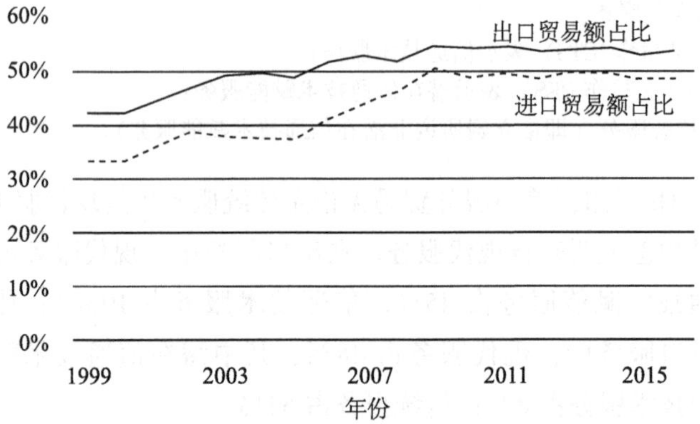

图2.2　1999—2015年美国国际服务贸易总额中潜在ICT赋能服务占比变化图

资料来源：美国BEA。

就2016年美国潜在ICT赋能服务中各类别的出口和进口而言，保险服务是出口远大于进口，电信、计算机和信息服务进出口大致平衡，金融服务、知识产权使用费和其他潜在信通技术赋能服务都是出口远大于进口（见图2.3）。

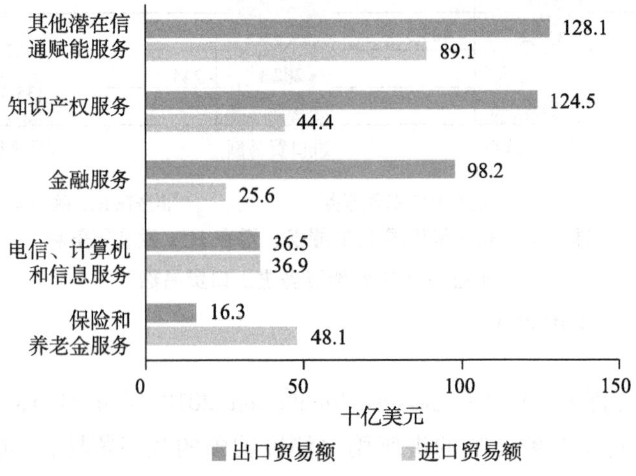

图2.3　2016年美国潜在ICT赋能服务中各类别的出口贸易额和进口贸易额

资料来源：美国BEA。

2016 年，美国与主要贸易伙伴的潜在信通技术赋能服务贸易（如图 2.4 所示），无论是出口贸易额、进口贸易额还是贸易平衡，欧洲位列第一，以下依次是亚太地区、拉美及其他西半球国家、加拿大和中东。

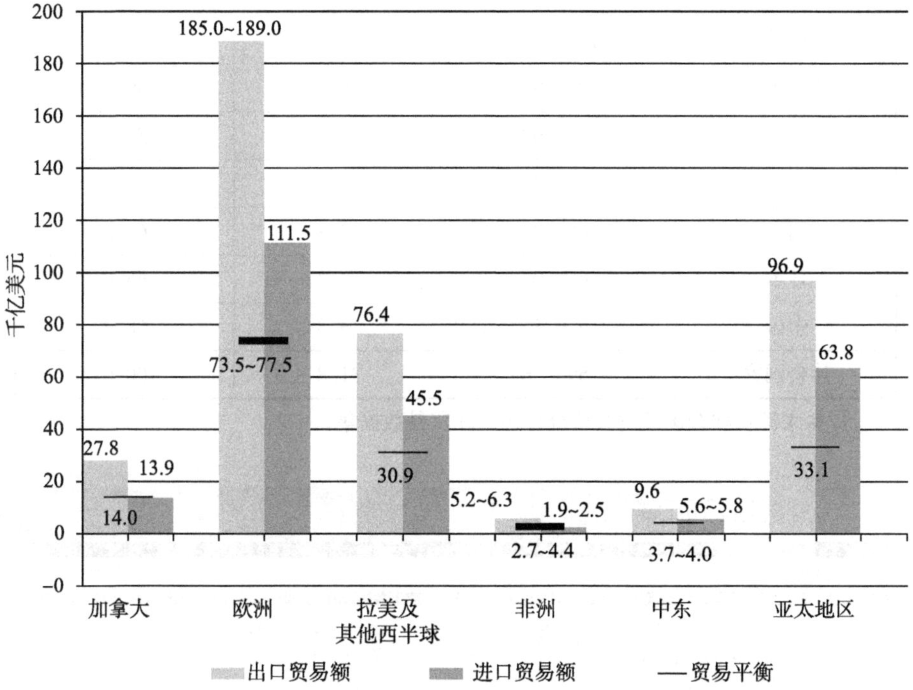

图 2.4 2016 年美国对主要贸易伙伴的潜在 ICT 赋能服务出口贸易额、进口贸易额及贸易平衡

资料来源：美国 BEA。

（二）数字可交付服务

UNCTAD 以数字可交付服务作为数字贸易的代理指标，该指标是目前具有国际可比性的唯一指标。

表 2.2 2010 年主要国家数字贸易额

国别	贸易额/亿美元	占比/%	累计占比/%
世界	17613.55	100.0	—
美国	3379.24	19.2	19.2

续表

国别	贸易额/亿美元	占比/%	累计占比/%
英国	2133. 57	12. 1	31. 3
德国	1213. 08	6. 9	38. 2
荷兰	1010. 39	5. 7	43. 9
法国	970. 98	5. 5	49. 4
爱尔兰	745. 07	4. 2	53. 7
印度	672. 33	3. 8	57. 5
瑞士	664. 94	3. 8	61. 3
日本	651. 06	3. 7	65. 0
中国	576. 53	3. 3	68. 2
其余国家	5596. 36	31. 8	100. 0

资料来源：联合国贸发会议统计司国际贸易数据集。

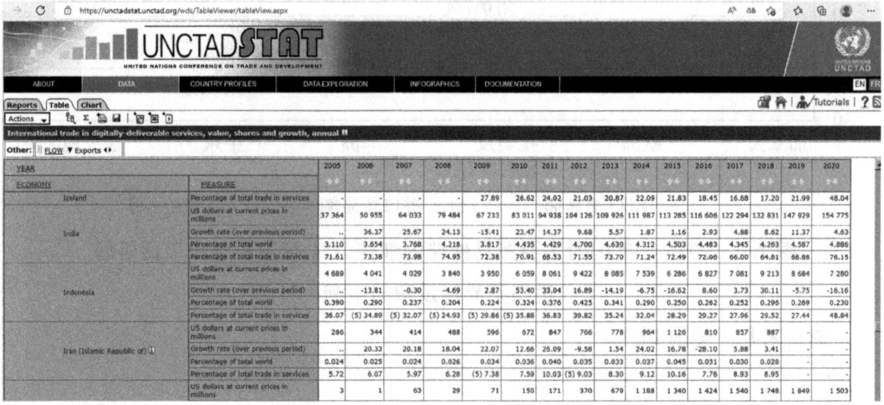

图 2.5　联合国贸发会议统计司国际贸易数据集截屏

资料来源：https://unctadstat.unctad.org/wds/TableViewer/tableView.aspx?ReportId=158358。

表 2.3　2020 年主要国家数字贸易额

国别	贸易额/亿美元	占比/%	累计占比/%
世界	32251. 40	100. 0	—
美国	5330. 93	16. 5	16. 5
英国	2867. 01	8. 9	25. 4

续表

国别	贸易额/亿美元	占比/%	累计占比/%
爱尔兰	2226.19	6.9	32.3
德国	2036.57	6.3	38.6
中国	1543.75	4.8	43.4
印度	1479.29	4.6	48.0
法国	1429.42	4.4	52.4
荷兰	1268.09	3.9	56.4
新加坡	1222.74	3.8	60.2
日本	1147.41	3.6	63.7
瑞士	832.86	2.6	66.3
加拿大	609.56	1.9	68.2
瑞典	538.38	1.7	69.9
其余国家	9719.20	30.1	100.0

资料来源：联合国贸发会议统计司国际贸易数据集。

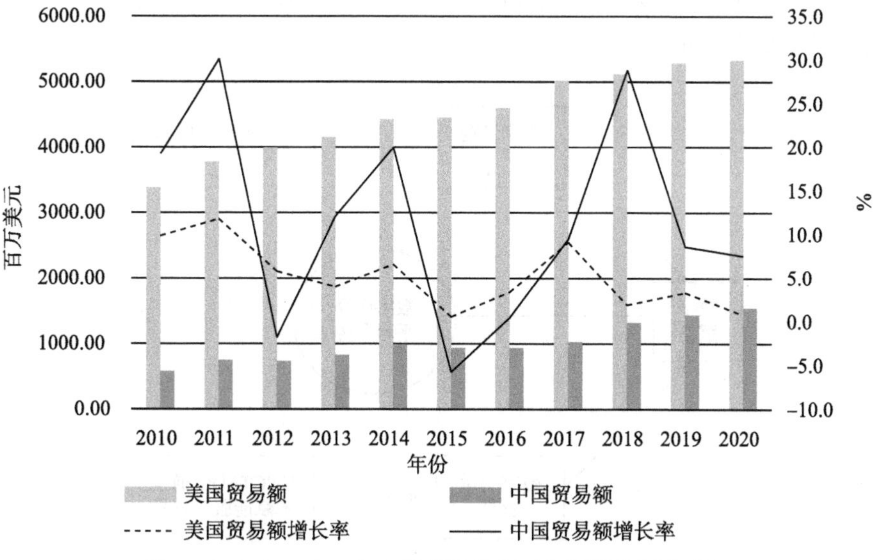

图 2.6 2010—2020 年中美两国数字可交付服务贸易对比

资料来源：联合国贸发会议统计司国际贸易数据集。

二、《数字贸易测度手册》的宽测度

《数字贸易测度手册》(HMDT) 于2020年3月由经合组织、世贸组织和国际货币基金组织发布。全书正文分为5章，分别是序言、数字贸易测度的概念性架构、数字订购贸易、数字交付贸易和数字中介平台服务，正文之前有一组前言性材料，正文之后编有附录和图表索引。

(一) HMDT关于数字贸易的操作性定义和指标体系

1. 数字贸易及其三个分指标的操作性定义

经济条目的定义，有学理性和操作性之分。学理性定义是从学科理论出发，为一个概念做表述，阐明其内涵和外延。操作性定义是为实际操作下的定义，又分为业务导向的操作性定义和测度导向的操作性定义。顾名思义，前者是为开展业务对概念及其业务范畴进行表述，后者是为对该事物进行测度对概念及其测度口径进行表述。手册给数字贸易所下定义，显然是测度导向的操作性定义。诚如手册作者所写，他们下定义重在能够利用现有已测度到的数据，而非重起炉灶从头采集数据，于是就出现了如图2.7所示的信息链。

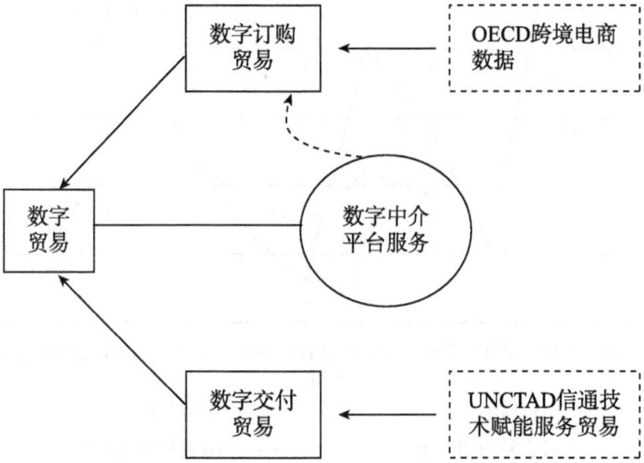

图2.7 出于信息链考虑的数字贸易定义方法

资料来源：贾怀勤根据HMDT精神绘制。

在数字贸易定义这个信息链中，用“数字订购贸易”和“数字交付贸易”来定义数字贸易，而“数字订购贸易”和“数字交付贸易”的数据来源分别是现有的 UNCTAD 信通技术赋能服务贸易数据和 OECD 跨境电商数据。

HMDT 将数字贸易定义为“所有数字订购或数字交付的贸易”。其中，数字订购贸易（digitally ordered trade）是“通过专门为接收或发送订单设计的计算机网络实现的国际物品和服务贸易”；数字交付贸易（digitally delivered trade）是“通过专门设计的计算机网络电子格式远程交付的国际交易”。

以上所谓通过专门设计的计算机网络，不包括电话、传真、手动录入邮件的订单。

订购与交付并非互斥。数字交付的服务可以采用数字订购，也可以不采用数字订购。

业务上的数字订购包括：①数字订购信息通信货物，②数字订购其他货物，③数字订购货品附带的服务，④数字订购其他服务。后两种中的一些品类可以数字交付，在测度上作为“数字交付贸易”。后两种中的不能数字交付品类，与前两种共同组成测度上的数字订购贸易。

鉴于数字中介平台是数字化转型的主要驱动者，特别是在共享经济中它对个人与个人之间交易的贡献，HMDT 要求测度数字中介平台（digital intermediation platforms，DIPs）的服务。它对数字中介平台的定义是：“使交易能够在多个买家和多个卖家实现，而所售货品或交付中服务的经济属权不为中介方占有的有偿在线中介服务。”平台中介服务的价值至少在理论上已经含在数字订购贸易里面，为了彰显平台的贡献，HMDT 要求单独测度其提供的赋能服务价值。

平台提供的服务有收费和不收费的区别。手册将收费数字中介平台定义为“促成买卖双方交易的付费线上中介，平台不需要拥有交易货物或服务的所有权”；将免费数字中介平台定义为“收入来自向终端用户销售商品和服务的企业的广告或数据支出，而不向获取数字服务的终端用户收取明确费用的平台”。

为此特别强调两个概念：一是“有偿”的概念，因为平台往往还提供“无偿”（不收费）的服务，诸如搜索、广告和新闻等，这些不在测度之列。

二是"不占有交易货品或服务的所有权"的概念，以区别于电子零售商在卖方和买方之间，先取得交易货品或服务所有权再转让出去的经济行为。

HMDT 指出数字中介平台具有概念性挑战，非居民数字中介平台为两个居民之间交易提供方便，具有国际服务贸易价值；也认识到在实践上数字中介平台难以辨识，即便能辨识，也不是总能辨清提供中介服务者的居住状态。

数字中介平台服务，主要指有偿服务，也涉及"免费"使用的服务。"免费"服务的数据游离于现行经济统计核算体系之外，各国都在探索如何采集这方面的数据。

2. 数字贸易概念性架构

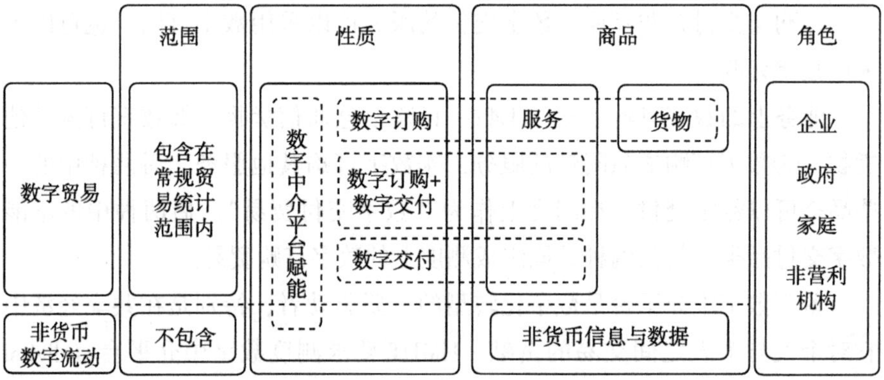

图 2.8　数字贸易概念性架构

资料来源：方元欣根据 HMDT 原图绘制。

HMDT 对 2017 年 OECD 的数字贸易概念性结构进行了改进，重新绘制出这一架构图。新架构附上了非货币数字流动，这部分流动不属于数字贸易，也不包含在常规贸易统计范围内，而数字贸易是包含在整个范围内的，只是尚待将其识别出来。新架构对商品只分为货物和服务，将信息包含在服务中。架构对数字赋能与两类商品的关系做了清晰的勾画：数字订购可以作用于两类商品，数字交付只能作用于服务，其中某些服务可以既受数字订购作用，又受数字交付订购作用——这是在测度中需要进行辨识的，以免重复核算。

（二）HMDT 对三个分指标测度方法的推荐

国际组织对货物贸易统计和服务贸易统计都编有工作手册，提出规范性数据获取方法，但是对数字贸易测度只给出了一些成员经济体的经验作法，供选择使用。这些做法主要有针对企业的企业调查（ES）、国际服务贸易调查（ITSS）、国际交易报告系统（ITRS）和增值税征管记录（AR-VATC），针对家庭的家庭调查（HS）、信用卡数据（CCD）和迷你式一站服务（MOSS），针对政府交易的行政记录（AR），还有直接从数字平台中介收集数据（DCRDIP）（见表 2.4）。

表 2.4　数字贸易测度指标及相应数据的获取方法

<table>
<tr><th rowspan="3"></th><th colspan="3">出口</th><th colspan="3">进口</th></tr>
<tr><th colspan="3">机构分类</th><th colspan="3">机构分类</th></tr>
<tr><th>企业</th><th>政府</th><th>家庭/非营利机构</th><th>企业</th><th>政府</th><th>家庭/非营利机构</th></tr>
<tr><td>i 数字订购</td><td></td><td></td><td></td><td></td><td></td><td></td></tr>
<tr><td>ii 商品</td><td rowspan="2">企业调查，国际服务贸易调查</td><td rowspan="2">行政记录</td><td rowspan="2">家庭调查，信用卡数据</td><td rowspan="2">企业调查，国际服务贸易调查</td><td rowspan="2">行政记录</td><td rowspan="2">家庭调查，信用卡数据</td></tr>
<tr><td>iii 服务，非数字交付</td></tr>
<tr><td>iv 数字交付</td><td></td><td></td><td></td><td></td><td></td><td></td></tr>
<tr><td>v 数字订购</td><td rowspan="2">企业调查，国际服务贸易调查，国际交易报告系统</td><td rowspan="2">行政记录</td><td rowspan="2">家庭调查，信用卡数据</td><td rowspan="2">企业调查，国际服务贸易调查，国际交易报告系统；增值说征管记录</td><td rowspan="2">行政记录</td><td rowspan="2">家庭调查，信用卡数据，迷你一站式服务</td></tr>
<tr><td>vi 非数字订购</td></tr>
<tr><td>vii 数字贸易总计</td><td></td><td></td><td></td><td></td><td></td><td></td></tr>
<tr><td>viii 通过中介平台交易</td><td></td><td></td><td></td><td></td><td></td><td></td></tr>
</table>

续表

<table>
<tr><th rowspan="3"></th><th colspan="3">出口</th><th colspan="3">进口</th></tr>
<tr><th colspan="3">机构分类</th><th colspan="3">机构分类</th></tr>
<tr><th>企业</th><th>政府</th><th>家庭/非营利机构</th><th>企业</th><th>政府</th><th>家庭/非营利机构</th></tr>
<tr><td>ix数字订购</td><td></td><td></td><td></td><td></td><td></td><td></td></tr>
<tr><td>x货品</td><td rowspan="2">企业调查+平台记录</td><td rowspan="2"></td><td rowspan="2">家庭调查,信用卡数据+平台记录</td><td rowspan="2">企业调查，国际服务贸易调查+平台记录</td><td rowspan="2"></td><td rowspan="2">家庭调查,信用卡数据+平台记录</td></tr>
<tr><td>xi服务</td></tr>
<tr><td>xii数字交付</td><td rowspan="2">企业调查，国际服务贸易调查，国际交易报告系统+平台记录</td><td rowspan="2"></td><td rowspan="2">家庭调查,信用卡数据+平台记录</td><td rowspan="2">企业调查，国际服务贸易调查，国际交易报告系统，增值说征管记录+平台记录</td><td rowspan="2"></td><td rowspan="2">家庭调查,信用卡数据，迷你一站式服务+平台记录</td></tr>
<tr><td>xiii非数字交付</td></tr>
</table>

资料来源：译自 HMDT 表 1“数字贸易报告模板（简化）”。

HMDT 第 3—5 章分别讲述数字订购贸易、数字交付贸易和数字中介平台服务的测度方法。从文字的分量看，依次占各章文字总量的 32％、48％和 20％，其论述重点不言而喻。

1. 数字订购贸易的测度方法

就数字订购贸易而言，笼统地讲，许多国家现在已有关于电子商务的调查，只需在调查中加入国外销售份额的问题即可。

数字订购贸易数据的主要采集方法是通过企业调查和住户调查。HMDT 讨论了欧盟、OECD 和加拿大的实践，它们在现有的电子商务调查中加入了关于与非居民交易的问项，或者调查交易规模，或者调查交易比率；它们的住户调查也有类似的调查。但是在具体实施时还是很难把握所做交易是否属于国际贸易，因为被调查者不好判定中介服务商是居民平台，还是非居民平台。以加拿大为例，中介服务商呈现出本国居民迹象——比如网址后缀标有“. ca”，使用加元报价、使用英法双语等，但是实际上可能并非加拿大居民。

HMDT 还推荐了通过信用卡和在线支付公司来调查，使用这些支付手段可用来区分是否为数字订购。但是通过这些手段采集数据也会遇到企业调查和住户调查同样的不好判定中介服务商居民身份的问题。

HMDT 专门对低于海关申报限额（deminimis）的货物贸易电子商务的数据采集，介绍了美国、俄罗斯和世界海关组织在这方面的实践探索，由此引出了中国海关跨境电商的统计实践。HMDT 指出，中国海关与其他国家海关不同的是，它基于货物贸易统计职能，开发了有效的方法采集高频、低值的跨境电商交易数据。

2. 数字交付贸易的测度方法

HMDT 认识到数字交付贸易接近于信通技术赋能服务贸易，具体体现在欧统“国际收支延伸体系”（EBOPS）2010 分类的下列服务类别中：

保险和养老金服务（EBOPS 6）；

金融服务（EBOPS 7）；

别处未包括的知识产权使用费（EBOPS 8）；

电信、计算机和信息服务（EBOPS 9）；

研发服务（EBOPS 10. 1）；

专业和管理咨询服务（EBOPS 10. 2）；

建筑、工程、科学和其他技术服务（EBOPS 10. 3. 1）；

别处未包括的其他商业服务（EBOPS 10. 3. 5）；

音像和相关服务（EBOPS 11. 1）；

健康服务（EBOPS 11. 2. 1）；

教育服务（EBOPS 11. 2. 2）；

休闲娱乐服务（EBOPS 11. 2. 3）。

（1）国际服务贸易调查的途径

在现有的国际服务贸易（international trade in services，ITS）调查中加入一组问题——通过数字交付的出/进口占比，使之成为数字交付贸易调查的手段。

最重要的问题是实际数字交付服务与潜在数字交付服务的关系，对此 HMDT 给出了两种观点。

一是 UNCTAD 的观点，认为潜在数字交付服务可以作为实际数字交付的代理变量。2017 年，UNCTAD 在哥斯达黎加和印度进行了试点调查。在哥斯达黎加的调查发现，潜在数字交付服务占其服务出口的 38%，而有 97%的潜在数字交付服务是实际数字交付服务。在印度，这两个比率分别是 57%和 81%。由此得出“大多数潜在数字交付服务都是实际数字交付服务”的结论。

二是欧盟的观点，认为在商品细分基础上，可以由专家对实际数字交付服务占潜在数字交付服务的比率提出判断。

此外，还有两个问题值得关注：

①美国 BEA 和英国中央统计局的实践表明，通过调查以获取 GATS 服务中的 4 种交付方式数据是困难的。

②在理论上经过数字中介平台开展的住户间交易分散在“其他商务服务”“运输服务”“金融服务”等服务类别中，但是在实践上可能会有漏掉统计的情况。HMDT 建议在有关服务类别之下设立单独子类。

（2）国际交易申报系统、增值税和住户调查的途径

一些国家凭借国际收支申报系统（international transaction reporting system，ITRS）采集服贸数据，据此也可以估计数字交付服务。另外，有一些国家开始探索采用增值税（VAT）数据估计外国交易者对其居民的数字交付服务。对此，HMDT 分别介绍了巴西和阿根廷的做法。手册还介绍了一些欧盟国家如匈牙利和丹麦通过“迷你一站式服务”（mini one stop shop，MOSS）的增值税采集数字交付服务数据的做法。

住户的花费可能没有包含在国际贸易统计之内，需要经过专门调查对数字交付贸易做补充，对此 HMDT 介绍了加拿大的做法。

（3）非银行实体的途径

近年来，移动支付逐渐成为一种流行手段。通过对提供移动支付服务的非银行实体的调查也可以获取一些数字交付服务的数据。不过，HMDT 认为这仅处于最初阶段。

3. 数字中介平台服务的测度方法

尽管数字中介平台也提供不收费的服务，但 HMDT 第一版只关注收费的数字中介平台服务。

有两点需要注意：其一，数字中介平台服务测度是针对平台收取的净中介费，而在其他核算场合测度的是它提交的货物或服务全值。其二，即

便是交易发生在两个居民之间，只要是通过非居民平台开展，就有 HMDT 主张测度的数字中介平台服务发生。

数字中介平台对货物交易的服务，应该归入“批零”；对服务交易的服务应服务自身类别归类。

数字贸易与传统贸易的显著区别在于数字中介平台的出现，这使得贸易由传统的进、出口两方关系变成了有平台介入的三方关系。根据 HMDT 的内容，本书整理出一个表格，以划分不同情况下报告国是否应将中介平台服务纳入测度的各种情景（见表 2.5）。

表 2.5　进出口贸易中数字平台的中介作用和对其服务的测度

1. 报告国货物出口		2. 报告国货物进口		3. 与报告国无关的货物交易		4. 报告国内部的货物买卖	
1.1 境内平台	1.2 境外平台	2.1 境内平台	2.2 境外平台	3.1 境内平台	3.2 境外平台	4.1 境内平台	4.2 境外平台
测度：出口贸易，中介服务出口	测度：出口贸易	测度：进口贸易	测度：进口贸易，中介服务进口	测度：中介服务出口	不测度	不测度	测度：中介服务进口

资料来源：贾怀勤根据 HMDT 表 5-1 的意思重新设计表式。

HMDT 虽然提出对上述各种情景中的平台贡献开展测度，但是也充分认识到测度的难度，承认在 HMDT 发布时只有极少国家采集到这方面数据，介绍了荷兰使用大数据辨识数字中介平台服务的做法、西班牙和法国采集数字中介平台旅游服务数据的做法。

（三）国内对 HMDT 的初步反响

2020 年 3 月 HMDT 发布，迅速引起中国有关智库的热烈反响，比较系统的研究成果以方元欣（2020）① 和岳云嵩的论文（2021）② 为代表。

① 方元欣．对我国数字贸易发展情况的探索性分析：基于 OECD-WTO 概念框架与指标体系［J］．海关与经贸研究，2020（4）：95-109.

② 岳云嵩．国际数字贸易统计及其启示［R］．国际贸易统计研究传承与发展学术报告会，2021.

1. 方元欣对标手册，分析中国数字贸易测度

方元欣在回顾数字贸易概念模型的演变趋势和诠释 OECD-WTO 数字贸易指标框架的构建基础上，借鉴 UNCTAD 等国际组织的统计经验，对我国数字贸易发展现状和趋势进行探索性分析。

方元欣借鉴 HMDT 所列的调查方法对我国数字订购贸易发展情况进行分析：首先，选取中国支付清算协会的“中国第三方支付机构跨境互联网支付额”指标，对我国跨境互联网交易情况进行初步评估。其次，选取我国海关总署发布的“中国跨境电子商务管理平台零售（B2C）进出口额”指标，对我国跨境零售贸易规模进行评估。

方元欣收集了我国 2008—2018 年商务统计年鉴的数据，利用 UNCTAD 的统计方法，测算出我国可数字化服务贸易额，并从三个角度切入分析：第一，将 2008 年至 2018 年的可数字化服务贸易规模与整体服务贸易规模进行横向比较。第二，将我国的可数字化服务进出口规模与其他经济体的进行横向对比。第三，对各数字服务贸易类别进行横向比较。

关于中国数字中介平台的发展概况，由于数字中介平台交易的环节十分复杂，识别数字中介平台以及测量平台赋能贸易存在困难，方元欣试图通过一些相关指标来侧面了解我国数字中介平台的发展情况，如通过分析国内头部互联网企业来了解大致情况，通过互联网广告支出进行衡量。

方元欣对我国发展数字贸易概念和指标体系提出如下建议：

①开发一套适用性强的数字贸易概念架构。建议数字贸易概念应与电子商务概念并行发展。鉴于前者更加侧重在线购买，但需要实物交付的货物和服务，建议数字贸易概念框架更加关注实现线上交付的数字产品和服务贸易。

②尽快开展尝试性测度工作。一方面，持续跟踪国际上对数字贸易相关测度研究，并与开展相关工作的国际组织和研究机构保持密切沟通与合作，提高我国在全球数字贸易测度开发行动中的参与度和话语权。另一方面，拓宽我国统计工作的发展思路，通过改进现有统计工具、在特定区域开展统计试点、发放企业调查问卷等方法，发展和完善我国的数字贸易统计体系。

③实现跨部门测度统计合作。鉴于传统单一的贸易统计口径和产业分类体系很难准确捕捉到数字贸易的影响，需要吸收企业、高校、研究机构

等专家团队，开展跨部门、跨领域合作，开展数字贸易测度的前沿探索。

2. 岳云嵩考察数字贸易测度中国实践现状，提出改进建议

岳云嵩在对 HMDT 关于数字贸易内涵、概念性架构和测度方法进行了较为深入的研读，并对中国相应实践做了考察，指出现状和存在的问题。

在数字订购贸易方面，岳云嵩指出，中国在数字订购交易/贸易的统计调查和研究方面做了大量工作，包括统计机构针对企业电子商务使用情况调查、海关针对 B2C 跨境电子商务的调查、商务部对平台上跨境电商交易的调查等，已经具备统计核算数字订购贸易规模的良好基础。遗憾的是，官方仅对外公布了海关统计的 B2C 电子商务交易规模数据，更重要的 B2B 跨境电子商务交易规模数据并未公布。岳云嵩推测可能的原因：一是概念界定不统一，二是对 B2B 跨境电子商务发展重视程度不足。

在数字交付贸易方面，岳云嵩指出，中国商务部门对数字服务贸易的统计做了积极尝试和创新：一是参考 UNCTAD 方法计算了可数字化服务贸易的进出口额，以及提供了更详细的分类数据；二是对社交媒体、搜索引擎云计算等典型数字服务产业发展情况进行了分析。他指出两方面统计核算工作均有进一步提升的空间，前者需要明确可数字化服务贸易中实际通过网络交付部分的占比，可参考 UNCTAD 的方法对分行业企业进行一次有针对性的抽样调查。后者除了软件业外大多数均没有提供对外贸易的数据，且忽略了许多重要的服务产业如数字中介服务、大数据服务等，有待进一步完善。

岳云嵩得出的启示建议是：

①清晰准确的数字贸易定义是各项统计测度工作开展的前提。中国在这一问题上要形成自己的观点和看法，在借鉴国际经验和主流观点的基础上，结合发展实际适当进行创新。

②开展数字贸易尝试性测度。现有统计工作基础可能已经足以支撑数字贸易总体规模测算。数字订购贸易采用“数字订购贸易=全国电子商务交易额×（进出口总额/GDP）”进行计算。数字交付部分采用 UNCTAD 公布的 ICT 赋能服务贸易数据。

岳云嵩建议主管机构针对测算需求开展进一步工作：一是明确跨境电子商务概念内涵，加强与国际定义相一致的包括了 B2B 部分的跨境电子商务交易额统计；二是核算同为数字订购和数字交付的服务贸易在跨境电子商交额中所占的比重，以便进行去重处理；三是调查和分析 ICT 赋能服务贸易中实际数字交付的占比，获取准确的数字交付贸易规模。

③加强典型数字服务产业外贸的统计。重要的数字服务产业可能包括电信、云服务、软件、各类数字中介服务、社交媒体、搜索引擎、即时通信和数字金融等，需强化对它们国际化发展情况的量化。

④加强非货币数字流的统计。由于国际数据要素市场不健全，发达国家数字服务提供者同时可以无偿获取大量用户数据（个人数据、工厂生产等），并基于数据提升数字服务质量或创造新的数字服务，因此，应加快对非货币数字流衡量的研究，确保发展中国家获得合理的数据收益。

⑤同步推动量化评价指标体系的构建。岳云嵩建议从技术应用、新模式发展、经济影响、监管治理、国际规则等维度构建指标体系。

⑥发挥信息与通信技术在统计中的作用。需要进一步推动统计工作的信息化建设。一是充分挖掘数字中介平台的大数据潜力，强化统计机构与龙头数字中介平台的对接和合作，深化对订单数量、规模等的统计和分析。二是加强人工智能技术在数据的采集、审核、处理、分析等环节中的应用，提高数据审核进度和效率。三是鼓励优化统计服务水平。四是鼓励数字中介平台在数据流通和交易环节中广泛使用区块链技术，提升采集数据的可信程度。

以上两位学者所提建议即便是数年后的现在，仍具有很高的参考价值。

（四）关于数字贸易测度的几点认识

1. 对于窄口径测度的认识

虽然数字可交付贸易是目前唯一为各国官方承认而具有国际可比性的数字服务贸易数据，但不应止于数字可交付贸易。

2. 对于宽口径测度的认识

（1）HMDT 的开放性和成长性

HMDT 的开放性和成长性，可以通过与《国际服务贸易统计手册》对比来理解。后者给出的是统计规范，各成员得遵循；前者列举出一些成员的数据获取方法和结果，供各成员参考，也允许各成员探寻其他的数据获取方法，这就是它的开放性。后者由机构间专题工作组开发出来后，仅在联合国的几个区域会上征求意见，就于2002年定稿发布。当然它也与时俱进，在2010年发布了第二版。但是它的开发研制是封闭的。而研发者承认前者仍然处于“婴幼儿”发育期，未来得吸取各方面、各成员的专家意见，进一步补充、修订和完善。这就是它的成长性。

以上这些意思在HMDT的“编纂者前言”和“序言”中有明确表述。

数字贸易数据的获取，不鼓励“另起炉灶”，提出使用既有调查渠道多方互鉴的方法。第3—5章的陈述有明显的这方面导向。

（2）中国应该为数字交付贸易测度拿出自家方案

自改革开放以来，我国的贸易统计工作，逐渐形成了以下分工格局：海关总署负责货物贸易数据的采集、编制和发布，商务部负责服务贸易数据的采集、编制和发布。

HMDT由机构间国际贸易专班之数字贸易测度专家组编纂。专家组主要成员来自几大国际组织，还包括来自多个世贸成员的专家。对数字订购这块，中国海关已经建有较为完善的跨境电商统计监管体系。有3位中国海关官员从货物贸易统计角度参与手册编纂。在服务贸易统计方面，则没有中国专家参与。建议商务部集中资源测度数字交付贸易这块，即测度使用数字手段交付的服务贸易进出口额。

国际组织说明，HMDT有待进一步完善，以后还将有新版本编纂。这为世贸组织各成员进一步参与该项工作留有余地。希望有中国专家参与进去，以期实现货物贸易和服务贸易领域全覆盖。当然其前提是中国能够拿出数字交付贸易测度方法和实测数据，这是目前要突破的瓶颈。

一个世贸组织成员的专家，来自一个以上的部门，也符合HMDT编纂的先例，比如德意志联邦银行和德国统计局、意大利国家统计局和意大利中央银行、英国国家统计局和英国贸易部。

第三章

数字贸易“二元三环”架构和“融合比法”

在由贸易大国向贸易强国迈进的进程中，数字贸易是难得的契机和有力的抓手。以创新思维和科学务实的方法回答国际社会的数字贸易测度挑战，是我国发展数字贸易的题中之义。

一、关于发展数字贸易机遇的战略思考

（一）“一体两翼”

贾怀勤使用“一体两翼”的说法刻画数字贸易（简称数贸）测度与数字贸易业务的关系。数字贸易的“一体两翼”指数字贸易以业务推进为主体，以规则制度和规模测度为支撑。“一体两翼”形象地表述了数字贸易测度在整个数字贸易工作的功能和作用。中国应该也能够在业务推进、规则制度和统计测度三个方面取得建树，将它们贡献给国际社会。

（二）中国机遇

提供全球货物贸易统计规范的《国际货物贸易统计：概念与定义》于1971年发布。由于中国当时被阻挡在联合国之外，中国没有机会参与这个文件的编纂。中国启动改革开放后，逐步采用该统计规范建设自己的货物贸易统计制度。提供全球服务贸易统计规范的《国际服务贸易统计手册》由世贸组织和经合组织等6个国际组织于2002年发布。该文件的撰写组专家来自发达国家。仅在1999年在中国天津召开过一次面向亚太区世贸组织成员的征求意见会。可以说，中国对这份文件的影响不足道。总之，就货物贸易统计和服务贸易统计而言，都是由国际组织制定统计规范在先，中国遵循国际规范制定本国统计制度。

这次编纂《数字贸易测度手册》（HMDT），与前两份文件出台的情景不同。中国在数字贸易测度上与国际社会几乎是同步的，且在某方面占有相对优势。从HMDT文字看，一方面，HMDT只是推荐一些国家数字贸易测度的实践做法，并没有制定出统计规范，国际组织欢迎各国与国际社会分享自己的经验；另一方面，在中国占据业务优势的货物-跨境电商方面，中国海关已经进行了卓有成效的探索，HMDT主编在致辞中也对此给予赞

许。中国应抓住机遇，在数字服务贸易测度方面，开发适合自己国情的测度方法，为数字贸易测度做出自己的贡献。

表 3.1 展示了国际组织关于服务贸易统计和数字贸易测度的引领和中国跟进历程中若干重要节点之事件，以此来诠释上文所指的中国机遇。

表 3.1　国际组织关于服务贸易统计和数字贸易测度的引领和中国跟进历程中若干重要节点之事件

数字贸易测度		时间轴	服务贸易统计
中国	国际社会		国际社会
		20 世纪 60 年代	发达国家第三产业比重超过第二产业
		20 世纪 70 年代	开始出现服务贸易的提法
		1982 年	关贸部长级会议首次提出服贸谈判
		1993 年	（在新版国际收支统计表中）服务与货物开始并列，标志在统计上服务贸易取得与货物贸易并列的地位
		1995 年	《服务贸易总协定》生效，它首次提出服贸的 4 种提供方式的概念。
			世贸组织成立，与其他国际组织一道探索建立国际服贸统计制度。
	“数字经济”一词由美国学者唐·泰普斯科特（Don Tapscott）提出	1996 年	世贸组织、联合国统计司等 6 个国际组织成立编写国际服贸统计制度的“机构间工作组”
		1997 年	
		1999 年	国际组织在中国召开《国际服贸统计手册》草稿的亚洲区征求意见会
		2002 年	《国际服贸统计手册》颁行
		2003 年	
商务部颁行《国际服务贸易统计制度》		2006 年	

续表

数字贸易测度		时间轴	服务贸易统计
		2010 年	《国际服贸统计手册 2010》颁行
	美国国际贸易委员会提出数字贸易概念	2013 年	
贾怀勤建议开展数字贸易试测度，商务部服贸司开展了首次数贸数据试采集	世贸组织和经合组织发表《数字贸易测度：走向概念性架构》	2017 年	
		2019 年	世贸组织编纂发布《分供式与行业的全球服务贸易数据集》（TISMOS）
10 月，工信安研中心发布《2020 我国数字贸易测度报告》，第一次公布了中国数字贸易试测度的结果	3 月，经合组织、世贸组织和国际货币基金组织发布《数字贸易测度手册》	2020 年	

资料来源：贾怀勤根据资料整理。

（三）“认窄识宽”

“认窄识宽”有两重意思。就大背景而言，国际上存在以 UNCTAD 和 BEA 为代表的聚焦数字可交付服贸的窄测度和以 OECD 和 WTO 为代表的数字贸易架构宽测度两种做法，中国都需要熟悉其测度。而且作为国际组织的成员，中国需要按两种测度分别提交自己的数据。从中国政府各部门分工来看，海关总署和商务部分别承担货物贸易统计和服务贸易统计的职能。实际上，海关已经逐步深入地开展着货物跨境电商统计，商务部电子商务司的电子商务年度报告也使用海关数据。商务部服贸司负责服务贸易和数字贸易，服务贸易统计和数字贸易统计是其职能所在。贾怀勤等商务部、工信部和中央网信办聘任的国家数字贸易专家组成员，认同窄概念的数字贸易，围绕这个概念开展资政研究，是题中之义。专家组成员在专家组之外，或者非专家组成员学者，可以按宽概念或者其他概念开展研究。专家们要知晓和熟悉国际组织基于宽概念提出的数字贸易研究对象和方法，为海关方面跨境电商统计方法开发出谋划策，以便中国能够参与到国际组织的数字贸易测度方法开发进程当中。

二、数字贸易“二元三环”架构和“两化”定义

测度对研究客体的数量表征——在经济统计学上称为指标——给予定量回答，其关键是在指标与计量数值之间建立起对应法则。测度的前提是明了指标的概念，明确其内涵和外延，内涵通过定义来表达，外延就是覆盖范畴。测度还需要明了相关指标之间的关系。为了简单而明确地回答这些问题，往往设计一个测度架构。要解决的是提出指标名称与计量数值之间的对应法则，并阐明对应法则的实施途径，进而获取指标数值。这是研究问题的关键。

（一）“二元三环”架构的提出

“二元三环”测度架构是对“认窄识宽”理念的形象诠释和阐发。“二元”指的是数字服务贸易和数字货物贸易两个各自独立的体系。数字服务贸易又分为核心数字服务贸易和数字赋能服务贸易，再加上数字货物贸易，形成由内而外的三个“环”。以下对这个架构做详细解释。

从已有的文献来看，数字贸易可以归纳为三个子范畴：子范畴 A 是数字技术服务及技术迭代后所催生的全新经济模式或业态，子范畴 B 是数字化的服务贸易，子范畴 C 是数字化的货物贸易。三个子范畴从最窄、窄到宽，可以形成三种组合，A 是最窄的范畴，A+B 是窄范畴，而 A+B+C 是宽范畴。与国际社会接轨的数字贸易测度架构是确保国际可比性的前提，而我国新兴数字贸易发展和传统贸易数字化又有自身的特点，我国要确立的这个数字贸易涵盖范畴应该采取哪一种组合？子范畴 A 是数字技术自身所提供的服务，它是支撑由传统国际贸易向数字贸易发展的关键，需要特别重视，可以称为核心数字服务，即电信、计算机和信息服务。当然，从国际收支统计来看，它依然是服务贸易的组成部分。子范畴 B 是数字技术赋能服务，其重要性不言而喻。问题在于是否把子范畴 C 纳入数字贸易范畴。回答这个问题，需要侧重考虑怎样的数字贸易测度范畴有利于中国发

挥国际竞争优势。美国和其他发达经济体在子范畴 A+B 和子范畴 C 上都很发达，但是它们的优势更体现在 A+B 上。而中国和其他几个新兴经济体的优势则集中体现在子范畴 C 上。更多的发展中经济体在所有贸易范畴都不发达，但是它们今后的发展路径一般是首先发展 C，即在业务上所说的货物-跨境电子商务。因此，我们必须高度重视 C。事实上，世贸组织在策划业务谈判时，采用了“数贸/电商”这样的提法。

OECD 和 WTO 专家构建的三维架构是个理想的设计，但是现实与理想设计存在不小的差距，发展中经济体远未能做到，即便是多数发达经济体也只是使用所列的某种方法采集到部分栏目所需数据而非全部栏目要求的数据。我国目前的现实与距离全面借鉴测度手册存在一定的差距，需要把测度手册的要求进行降维处理，在指标编列上摘其精要，集中资源做好最关键的测度：一是数字服务贸易的测度，二是货物电子商务的测度。为此贾怀勤开发出“二元三环”新架构，一方面摘取 OECD 和 WTO 架构的精要指标，另一方面实现对 UNCTAD 和 BEA 范畴的扩展。

“二元三环”架构如图 3.1 所示，由虚线椭圆圈定的第一环与上述子范畴 A 对应，是国际收支经常项目服务分项中电信、计算机和信息服务品类，是数字技术产业化产品的贸易。由粗实线椭圆圈定的第二环与子范畴 A+B 相对应，构成窄口径的数字贸易。由细实线椭圆圈定的第三环与 A+B+C 相对应，共同构成宽口径的数字贸易。所谓“三环”是指由子范畴 A、A+B 和 A+B+C 三个不同的数字贸易涵盖范畴。

要按照数字贸易“三环”架构进行数字贸易测度需要与中国现有的贸易统计体系进行对接才能落实。数字贸易的子范畴 A 和 B 都是服务贸易，因此，上述“三环”中 A 和 A+B “两环”都可以定位在服务贸易统计框架。理论上，电子商务的交易标的包括货物和服务，但是在业务实践中，特别是我国海关对跨境电子商务的管理中，所指跨境电子商务仅限于以货物为标的。世界海关组织的《跨境电子商务标准架构》（WCO，2018）在前言第一句使用了“有形商品的跨境电子商务”的提法，行文其他地方都是直接用“跨境电子商务”指代货物的跨境电子商务。这里从学术角度出发，对以货物为标的的跨境电子商务称为货物-跨境电子商务，从而将之定位在货物贸易统计框架内。所谓“二元”，是指按服务贸易统计与货物贸易统计两个既有的贸易统计框架，搭建数字贸易的概念架构，包括数字服务贸易（数字交付和/或数字订购）和货物-跨境电子商务（数字订购）。

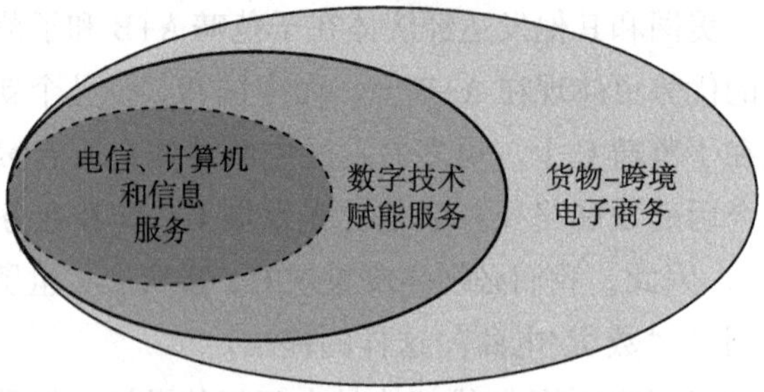

图 3.1　“二元三环”数字贸易指标架构示意图

资料来源：贾怀勤独立绘制。

服务数字贸易与货物-跨境电子商务并列形成“二元”,“二元”架构与中国业务主管部门的工作是契合的。海关总署已经建立了一套货物-跨境电子商务统计监测体系，是数字贸易测度的重要组成部分。这套体系突显了中国数字贸易在国际上的竞争优势。2019 年以来，商务部服务贸易司发布的历年《中国数字服务贸易发展报告》则基于“扩展的国际收支体系”(EBOPS) 对数字贸易业务进行讨论。采用“三环”架构既可与“二元”架构形成联结，又可与国际通行的数字贸易概念和贸易统计指标体系衔接。

(二) 基于“两化”的数字贸易定义和“二元三环”架构的认识深化

1. 数字贸易化和贸易数字化

数贸融合指数字技术与贸易相融合。从本书前两章可知，国内外研究论述或是从产品类别或是从交易途径来考察数字贸易。我们认为应该透过表象看实质，数字贸易的产生就是数字技术与贸易相融合的结果，它呈现出两条线：一是数字贸易化，即数字技术以新产品形态进入国际贸易；二是贸易数字化，即数字技术赋能贸易，提升了贸易效能，降低了贸易成本。

(1) 数字贸易化

数字技术与贸易相融合催生出数字贸易，这是数字经济在国际贸易领域新的运行方式。数字技术既有稍前一个时期开发出来的计算机技术和互联网技术，更有较近一个时期开发出来的云计算、大数据、物联网、区块链和人工智能技术。数字技术与贸易相融合的过程分为两个方面：首先，这些技术的直接应用，产生了三类服务，即电信服务、计算机服务、信息服务。其次，这些服务的跨境提供和使用，构成了新兴的数字贸易，即出现数字贸易化趋势。这方面的服务体现在服务贸易第 9 类中。需要指出的是，国际数字贸易规则谈判中所谓“自由流动”还涉及数字媒体（包括搜索引擎、社交平台、新闻媒体等)，但是这些服务的提供往往不伴随直接的酬金收取，目前不在数字贸易测度考虑范畴内。

（2）贸易数字化

数字技术赋能传统国际贸易可以实现交易途径的改变。在传统的交易途径——进出口商面洽、电传、电话或电子邮件等非数字技术联系途径之上，出现了数字交易平台——交易商自己拥有的平台或第三方中介平台，这对于不存在固定客户关系的交易商品和交易商，实现进出口双方关系匹配，撮合成交，签署合约和订单，显著地提升了交易效率。

数字技术赋能传统国际贸易还可以实现交易内容的提升。原本提供方和接受方不见面就无法交易的服务，通过数字技术可以实现远距离跨境交付，这种服贸赋能拓宽了服贸的交易面，从而增大了服贸交易额。一些实体提供的货物，制造商也可以借助数字技术向境外用户提供售后服务，这延伸了货物贸易功能，为制造商增加了服贸出口。

贸易数字化体现在数字技术对贸易的渗透上（见表 3. 2)，分为贸易对象的渗透和贸易方式的渗透，两者互有交叉。

表 3. 2 渗透对象和渗透方式的交叉

渗透对象	渗透方式	
	替代渗透	协调渗透
货物贸易	×	√
服务贸易	√	√

资料来源：贾怀勤根据数字技术与贸易融合原理绘制。

如表 3. 2 所示，从渗透对象看，数字技术既可以对服务贸易进行渗透，也可以对货物贸易进行渗透。渗透方式分为替代渗透和协调渗透。替代渗透只针对服务贸易，数字技术的应用使得原本需要卖方和买方当面交付的服务可以被以数字形式在线上交付所替代，这可以发生在被称为现代服务各类上。随着数字技术的广泛应用和企业数字化转型的推广，这样的替代将变得越来越普遍。协调渗透既可以针对被称为传统服务的各类服务贸易，也可以针对货物贸易，它通过跨国公司内部平台和中介平台的服务，对货物和服务的生产、销售、需求、物流等信息统一采集、处理与分析，有效信息被快速提炼出来，进行信息匹配，减少信息不对称性，从而提升从达成交易到实现交易、完成结算全交易链条的效率，降低贸易成本，扩大贸易规模。

这当中有一类特殊的服务和货物，即数字内容的贸易，它既有数字技术渗透成分（如部分现场文艺和体育表演可以转移到线上，影视、音乐产品的在线交付），也有数字全新产品（如动漫、游戏），还有线下实体交付与在线交付的共存（如出版）。

2. 数字贸易的定义

从逻辑学上说，给概念下定义的科学方法是“属+种差”方法，这是最准确且精炼的表述。至于所定义事物的产生背景和存在意义等，可以另外表述，不必写在定义中。

根据前文的认识，这里为数字贸易做出如下定义：**数字贸易是数字技术产品和数字方式所交易产品的跨境流通。**

首先，本定义使用数字技术化成（transformed from digital technology）和数字技术促成（enabled by digital technology）分别涵盖数字贸易化趋势和贸易数字化趋势。

其次，本定义将交易限定为一个经济体的常住单位与非常住单位之间的跨境交付。如果不排除国外商业存在开展的东道经济体境内交易，测度将变得更为复杂，目前几乎不具备获取所需数据的可能。UNCTAD 对数字技术赋能服务的调查排除境外消费、自然人存在和外国商业存在 3 种交付模式。测度手册的数字交付贸易认可 UNCTAD 的这个口径，并且说按 4 种交付模式进行测度不是近期考虑的问题。

最后，本定义中“流通”二字应分开来讲，“流”指商品流动，“通”指伴随商品流动发生的通货收支，以此排除不伴随货币支付的非交易数字媒体服务。

3.“二元三环”架构的深化认识

为了深化对“二元三环”架构的认识，我们需要在“二元”和“三环”、服务贸易 BOP 分类与数字贸易业务之间建立一个明确的联系图，如

图 3.2 所示。

阅读图 3.2，可以从居于中部的 BOP 服务分类开始，它分为 12 个大类，其中第 9 类“电信、计算机和信息服务”居“二元三环”架构的内

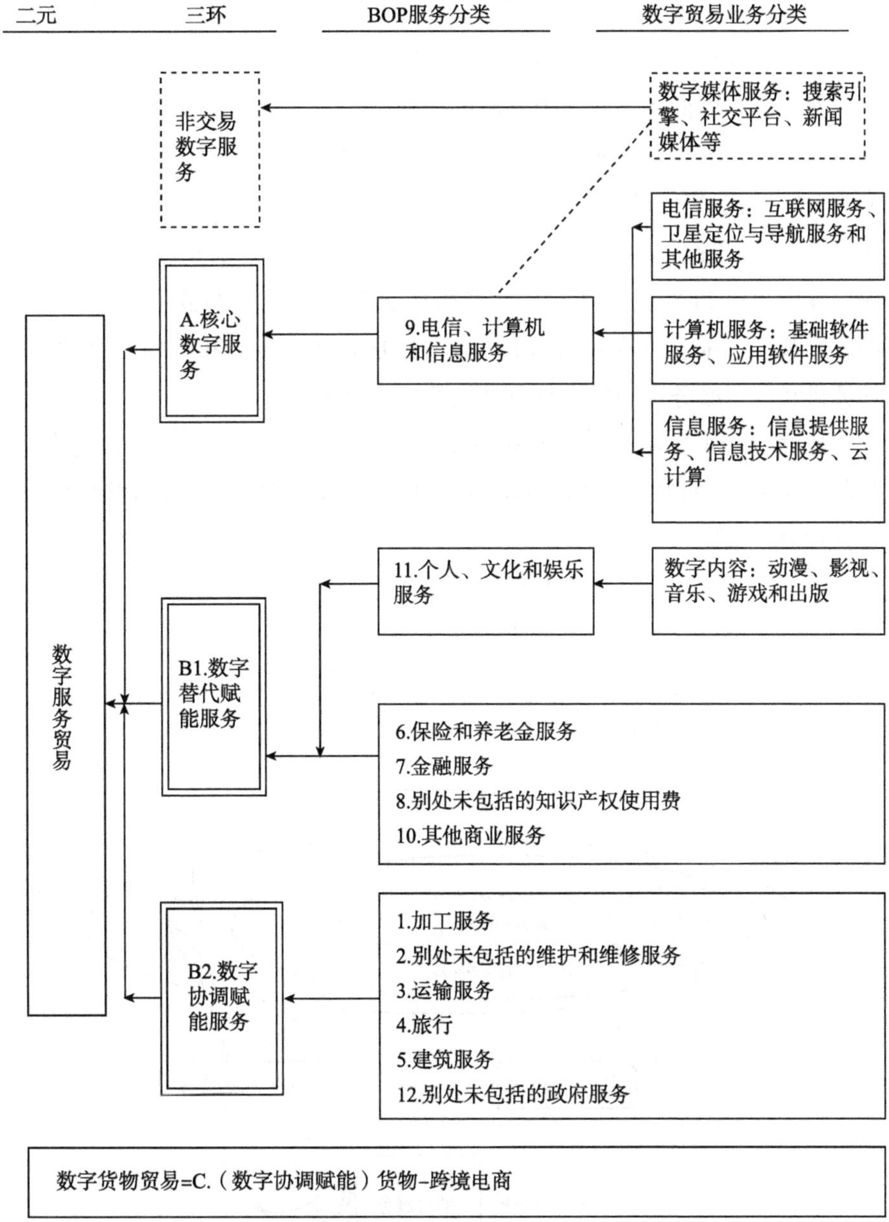

图 3.2 数字贸易业务种类、统计分类与“二元三环”的对应

环，是子范畴 A“核心数字服务”。它在业务上又分为电信服务（含电信服务、互联网服务、卫星定位与导航服务和其他服务）、计算机服务（含基础软件服务和应用软件服务）和信息服务（含信息提供服务、信息技术服务和云计算服务）。电信、计算机和信息服务还包括数字媒体服务（含搜索引擎、社交平台和新闻媒体等），只不过它的提供者与受众之间不发生收费交易，因此不在数字贸易测度之列。

居于“二元三环”架构中环的是子范畴 B“数字技术赋能服务”，又分为 B1“数字替代赋能服务”——与 BOP 服务第 6~8 类和第 10~11 类相对应，B2“数字协调赋能服务”——与 BOP 服务第 1~5 类和第 12 类相对应。其中，第 11 类“个人、文化和娱乐服务”指业务的数字内容（含动漫、影视、音乐、游戏和出版），该项业务也可以与 BOP 的第 9 类电信、计算机和信息服务一同作为重点开发的核心业务。

范畴 A 和范畴 B 共同构成数字服务贸易这一“元”，与另一“元”——数字货物贸易相并列，后者是数字技术对货物的协调赋能，即货物-跨境电商。

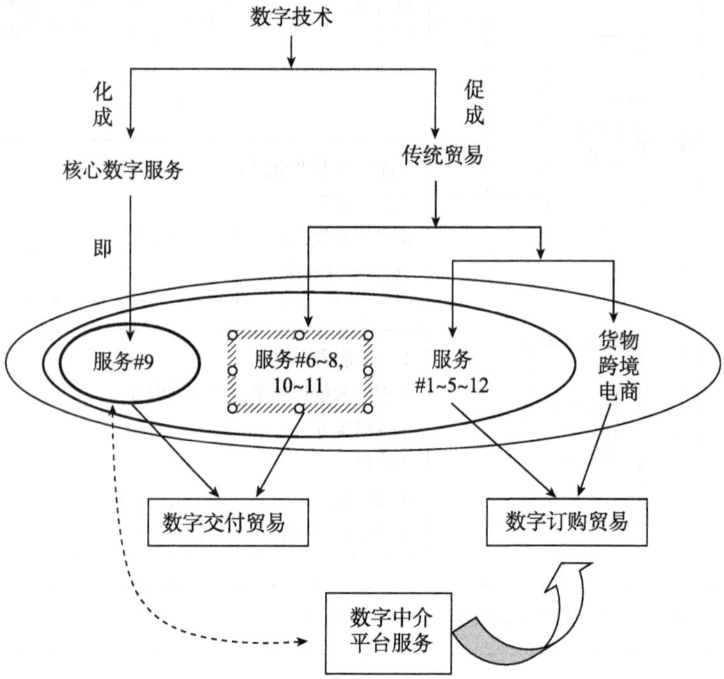

图 3.3 “二元三环”架构与 HMDT 测度指标的对应

图 3.3 进一步勾勒出“二元三环”架构与数字技术与贸易融合路径和 HMDT3 组指标之间的关系。数字技术与贸易融合的“化成”路径——数字贸易化，形成核心数字贸易，与架构的内环——第 9 类服务对应。数字技术与贸易融合的“促成”(赋能) 路径——贸易数字化，首先按赋能数字交付和数字订购分开，前者与中环内的第 6~8 类和第 10~11 类服务对应。后者进一步区分为服务的数字订购和货物的数字订购，服务的数字订购与中环内的第 1~5 类和第 12 类服务对应；货物的数字订购与外环的货物-跨境电商对应。从“二元三环”与 HMDT3 组指标之间的关系看，内环的第 9 类服务与中环的第 6~8 类和第 10~11 类服务共同指向 HMDT 的数字交付贸易，中环的第 1~5 类和第 12 类服务与外环的货物-跨境电商共同指向 HMDT 的数字订购贸易。至于 HMDT 的数字中介平台服务，它本属于第 9 类服务，只是需要将其单拎出来，因为它是数字订购贸易的支撑。

三、数字贸易测度“融合比法”

(一) 数字贸易测度“融合比法”的作用

数字贸易测度“融合比法”为近期内如何对数字服务贸易开展测度提供了基本方法。此法的提出基于以下两点考虑。

第一，基于“二元三环”架构，货物-跨境电商和数字服务贸易是两个独立单元，因此它们的测度也应该分开进行，各自探索妥善有效的测度方法。鉴于中国海关承担货物贸易统计职能且业已开展了货物-跨境电商统计工作的探索，商务部应该担负起数字服务贸易测度之责。

第二，潜在数字赋能服务不等于实际数字赋能服务，中国不应该简单地以前者作为后者的代理指标，或者说停留在潜在测度数字赋能服务上。

本书第二章在介绍国际组织关于数字服务贸易调查方法时就已指出，就“实际数字交付服务与潜在数字交付服务的关系”而言，“HMDT 给出了两种观点：一是 UNCTAD 的观点，认为潜在数字交付服务可以作为实际数字交付的代理变量”。“二是欧盟的观点，认为在商品细分基础上，可以由专家对实际数字交付服务占潜在数字交付服务的比率提出判断。”我们应该选择哪种观点呢？这里有个关键问题，即潜在数字交付服务的范畴。

HMDT 观点基于 UNCTAD 在哥斯达黎加和印度的企业调查，该调查把核心数字服务（图 3.2 中 A 范畴）和数字替代赋能服务（图 3.2 中 B1 范畴）都作为潜在数字交付服务。而美国 BEA 的格立姆法把 BOP 第 9 类“电信、计算机和信息服务”单拎出来，把第 6~8 类和第 10~11 类称为潜在数字交付服务。本书与格立姆法的划分一致。第 9 类是核心数字业务，它完全可以实现数字交付。UNCTAD 企业调查把第 6~11 类一并作为潜在数字交付服务进行调查，导致实际数字交付服务对潜在数字交付服务的比率非常高，因而得出“潜在数字交付服务可以作为实际数字交付的代理变量”的结论。如果把第 9 类服务单拎出去，对余下的 5 类服务，实际数字交付所占比率未必有上述两国调查的那么高，就不能用潜在数字交付服务代替实际数字交付服务。实际数字赋能服务贸易额应该在潜在数字赋能服务贸易额之下，并以其为逼近值。但是在国民经济核算体系中，没有现成的数据可用。我们的任务就是寻求测度实际数字赋能服务贸易额的方法。直接针对实际数字赋能服务开展全面调查，是一种方法，在近期内进行条件尚不具备；通过调查获取企业样本实际数字赋能服务贸易额对潜在数字赋能服务贸易额的占比，再一次推算国家层面的实际数字赋能服务贸易额，是另一种方法，近期可以做到。

（二）贾怀勤首倡数字贸易测度“融合比法”，并建议开展试测度

2018 年，贾怀勤向主管部门提出开展数字贸易试测度的建议。2019 年，贾怀勤再次致信主管部门，提出了具体的数字贸易测度思路和“融合比法”。

出于数字技术与贸易融合的认识，贾怀勤受 BEA 潜在信通技术赋能服务的启发，第一个提出数字技术可融合服务（并建议其英译文为 DT-integratable services）和数字技术已融合服务（并建议其英译文为 DT-integrated services）这对概念，进而提出倡数字贸易测度“融合比法”。此法具体分为下述步骤：

第一步，选定服务贸易各分类经营企业样本。

第二步，测算样本的数字技术融合比，这里

$$\text{样本的数字技术融合比} = \frac{\text{样本企业数字技术已融合服务贸易额}}{\text{样本企业数字技术可融合服务贸易额}} \quad \text{（式 3.1）}$$

第三步，测算各分类数字贸易额，这里

某类数字贸易额 = 该类服务贸易额 × 该类样本数字技术融合比 （式 3.2）

这个方法对出口额和进口额分别开展测算。对每一个贸易流向，均分服务类别各自测算，将各类数字的出/进口额加总，得到出/进口总额。

现行统计制度不支持获取数字技术可融合服务中已融合的贸易数据，需要主管部门采用现行统计制度之外的方式来获得数据。当时贾怀勤提出三种方法供单独使用或结合使用：

①在重点企业服务贸易统计监测调查问卷中加入关于各项数字技术可融合服务中已融合的贸易额占比的问题（当然问题的设计要便于企业理解和填报），以重点调查所获占比去测算全部数字技术可融合服务中已融合的贸易额。

②借用中国信息通信研究院发布的服务业各行业数字经济对全行业增加值占比作为融合比的估计值，去测算全部数字技术可融合服务中已融合的贸易额。

③构建数学模型测算各项数字技术可融合服务中已融合的贸易额占比。

上述三种方法可以单独使用，也可以结合使用。

考虑到“维护和维修”和“加工贸易”两类服务提供者属于制造业企业，且基本上都在海关特殊监管区域内，对其调查需要有关部门重点联系企业之外组织专门调查。

建议还指出开展数字贸易尝试性测度的作用有两个：一是为国内各方提供参考性数据，二是为将来参与国际组织数字贸易测度方法和制度的开发提供中方见解与主张。

（三）“融合比法”应用由 UNCTAD 单指标向 HMDT 双指标扩延

“融合比法”实际试测度在经历了由针对 UNCTAD 数字可交付服务单指标向 HMDT 数字交付贸易和数字订购贸易双指标扩展这样一个过程。数字技术可融合服务和数字技术已融合服务，是一个泛称。第一阶段，研究聚焦于 UNCTAD 单指标测度，测度第 6~11 类服务，分别指潜在数字交付服务和实际数字交付服务；HMDT 发布后，研究进入第二阶段，在第一阶段测度的基础上，扩延到对第1~5类服务的测度，以对标于HMDT的双指标测度。于是这个泛称又具体指潜在数字交付服务之外的服务和实际数字订购服务。总之，在第二阶段，融合比有如下两个具体测度值：样本实际数字交付比（简称数字实交比）和样本数字订购比（简称数字订购比）。它们分别用下列两式计算：

$$\text{样本服务出／进口实际数字交付比}_i = \frac{\text{样本企业服务出／进口实际数字交付服务贸易额}_i}{\text{样本企业出／进口服务贸易额}_i}$$

（式3.3）

和

$$\text{样本服务出／进口数字订购比}_i = \frac{\text{样本企业服务出／进口数字订购服务贸易额}_i}{\text{样本企业出／进口服务贸易额}_i}$$

（式3.4）

式（3.3）中，$i=6, 7, \cdots, 11$；式（3.4）中，$i=1, 2, \cdots, 6, 12$。

由数字实交服务测度扩延到数字订购服务测度，是实现"二元三环"架构全覆盖的重要一步，余下的就是借助海关方面的跨境电商统计，落实"二元三环"架构全覆盖的最后一步。

四、数字贸易测度/统计的"两步走"设想

"融合比法"能够用较为快捷的方式获取中国数字贸易进出口数据。但是，正如导言所写，这些都属于应对数字贸易测度挑战的近期举措——数字贸易的政策制定和市场拓展亟须这方面的数据。正因为如此，各主要发达国家和国际组织才都探讨使用非全面核算的方法来测度数字贸易规模。从中远期来看，还需要考虑建立能提供全面核算数字贸易规模数据的统计核算体系。

在"融合比法"首次提出的2019年初，学术界正在讨论编制SNA的数字经济卫星账户，账户的供给-使用核算表可望能够提供较为全面准确的数字产品和数字服务跨境流动数据。另一项与此密切相关的话题是数字经济行业分类体系。2021年，国家统计局发布了《数字经济及其核心产业统计分类（2021）》（简称数字经济分类）。建立全面核算数字贸易统计核算体系还有很长的路要走。

第四章

国内的数字贸易测度探索

贾怀勤数字贸易测度“融合比法”，对国内数字贸易测度具有重要影响。多个智库或直接与贾怀勤合作，或借鉴其方法，对全国层面或省（自治区、直辖市）层面的数字贸易规模开展试测度。国家工业信息安全发展研究中心（简称工信安研中心）率先开展全国层面数字服务贸易测度，于2020年发布首份数字贸易测度报告。天津鼎韬研究院也在该领域有了可贵发现，取得了研究成果。本章按测度成果的形成时间顺序给予详细介绍，并做出综合评价。

一、国家工业信息安全发展研究中心的数字贸易试测度

工信安研中心直接采用本书第三章所述贾怀勤的数字贸易概念和测度方法开展其测度。

（一）融合比的计算公式

根据贾怀勤提出的融合比概念，即以数字已融合服务对数字可融合服务的比率，衡量数字技术与服务贸易实际融合程度。

按照服务贸易12个大类，分别对类中样本企业进行调查，按下列公式计算各类服务业企业的出口融合比和进口融合比。测算公式如下：

$$r_j^x = \frac{\sum_{i=1}^{n} vx_{ij}^{EN}}{\sum_{i=1}^{n} vx_{ij}} \quad （式4.1）$$

$$r_j^m = \frac{\sum_{i=1}^{n} vm_{ij}^{EN}}{\sum_{i=1}^{n} vm_{ij}} \quad （式4.2）$$

式中：r_j^x 和 r_j^m 分别代表第 j 类服务的样本出口融合比和样本进口融合比；vx_{ij}和 vm_{ij}分别代表样本中第 i 家企业第 j 类服务的服务出口额和服务进口额。

vx_{ij}^{EN} 和 vm_{ij}^{EN} 分别代表样本中第 i 家企业第 j 类服务的数字实际赋能服务

出口额和服务进口额。

以 r_j^x 和 r_j^m 分别作为第 j 类服务总体出口融合比 R_j^X 和总体进口融合比 R_j^M 的估计值。总体（全国层面或行政区层面）第 j 类服务的数字实际赋能服务出口额 VX_j^{EN} 和服务进口额 VM_j^{EN} 可以通过用总体融合比乘以该类总体服务出口额 VX_j 和进口额 VM_j 得到：

$$VX_j^{EN} = VX_j \times R_j^X \quad \text{（式 4.3）}$$

$$VM_j^{EN} = VM_j \times R_j^M \quad \text{（式 4.4）}$$

（二）数据来源

由上小节可知，测度数字贸易需要两个方面的数据：一是分类别的样本企业的服务出/进口额和相应的数字赋能服务出/进口额，二是分类别的总体服务出/进口额。后者可以从现有服务贸易统计中直接摘取，前者则是测度的关键。

贾怀勤提出测算融合比可以通过重点企业服务贸易统计监测调查问卷获得。

工信安研中心测算融合比的样本数据来源于该中心的“两化融合公共服务平台”。该平台为满足研究中国工业化与信息化融合进程而设计，自2009 年起，在工信部的指导下中心建立。平台通过企业问卷调查建立起庞大的数据库，起初仅涉及第二产业，后来调查范围扩展到第一产业和第三产业。截至数字贸易试测度开始时的 2020 年，业已累计收集到 10262 家服务类企业数据，具有一定的代表性，可以在一定程度上反映行业的数字技术融合程度。其中服务业调查表涵盖了 32 个省级行政区（包括新疆生产建设兵团）的 1630 家服务类企业数据。问卷中包含了与融合比直接有关的两对四个问题，分别是企业销售总额和企业在线销售额、企业购买总额和企业在线购买额。以这些平台上的服务企业为样本，用它们的调查数据可以导出数字贸易测度需要的出口融合比和进口融合比。

（三）第一轮试测度的结果和发现

工信安研中心第一轮试测度排除了服务贸易中与境外消费、自然人流动模式相关的完全无法实现数字交付的服务类别——运输服务、旅行服务、建筑服务、维护和维修服务、加工服务等，聚焦六项可通过数字形式交付的服务类别——电信、计算机和信息服务，个人、文化和娱乐服务，保险和养老金服务，金融服务，知识产权使用费，其他商业服务（指标分类与解释如表 4.1 所示）。

表 4.1 数字贸易的六个细分领域对应指标

服务类别	指标解释
电信、计算机和信息服务	居民和非居民之间的通信服务以及与计算机数据和新闻有关的服务交易，但不包括以电话、计算机和互联网为媒介交付的商业服务
个人、文化和娱乐服务	居民和非居民之间与个人、文化和娱乐有关的服务交易，包括视听和相关服务（电影、收音机、电视节目和音乐录制品），其他个人、文化和娱乐服务（健康、教育等）
保险和养老金服务	各种保险服务，以及同保险交易有关的代理商的佣金
金融服务	金融中介和辅助服务，但不包括保险和养老金服务项目所涉及的服务
知识产权使用费	居民和非居民之间经许可使用无形的、非生产/非金融资产和专有权以及经特许安排使用已问世的原作或原型的行为
其他商业服务	包括技术、专业和管理遵循服务、研发成果转让费及委托研发

资料来源：中国国际收支平衡表。

测度的关键是测算 BOP 服务第 6~11 类这 6 类数字可交付服务中实际数字交付服务的占比，即实交比（见第三章式 3.3），它是数字融合比在这 6 类服务上的具体化。以实交比乘以总体的分类服务出/进口额，得到实际数字交付的服务出/进口额。先分类测算，然后加总，得到实际数字交付服务的贸易额合计值。各品类的服务贸易额来自商务部服贸司。

鉴于“两化融合公共服务平台”对企业的问卷对销售/购买不区分境内与境外，也未区别实体货物与服务，研究假定境外交易与境内交易比率相等，服务交易与货物交易比率相等，以企业在线境外销售/购买比率作为企业服务出/进口实交比的替代指标。在实际测算中，对第 9 类服务（电信、计算机和信息服务）取其出/进口实交比为 100%，只测算其余 5 类的具体比率。

根据上述方法，试测得 2018 年和 2019 年两年度的实际数字交付贸易额（见表 4.2a、表 4.2b）。这是国内对中国数字贸易规模所做的首次试测度，具有开创性意义。然而，这一试测度结果具有一定的局限性，原因有两个方面：虽然“中国两化数据库”所包含的样本企业总数目不小，但是按其所提供的服务品类细分某些品类所对应的企业数目较少；前面所做的关于对境内外销售/购买比率相同和实体货物和服务销售/购买比率的两条假定，有可能与实际业务不一致。

表 4. 2a　2018 年中国（服务）数字贸易进出口的数字已交付额

序号	品　类	出口		进口		进出口
		实交比/%	实交额/亿美元	实交比/%	实交额/亿美元	实交额/亿美元
6	保险和养老金服务	41. 2	20. 2	45. 4	54. 0	74. 2
7	金融服务	27. 1	9. 5	33. 9	7. 1	16. 6
8	知识产权使用费	36. 9	20. 7	35. 1	125. 0	145. 7
9	电信、计算机和信息服务	100. 0	471. 0	100. 0	238. 0	709. 0
10	其他商业服务	40. 9	285. 9	30. 2	142. 8	428. 7
11	个人、文化和娱乐服务	53. 5	6. 4	43. 7	14. 9	21. 3
合　计		—	813. 7	—	581. 8	1395. 5

资料来源：国家外汇管理局国际收支统计表，国家工业信息安全发展研究中心“中国两化融合”平台数据库。

表 4. 2b　2019 年中国（服务）数字贸易进出口的数字已交付额

序号	品　类	出口		进口		进出口
		实交比/%	实交额/亿美元	实交比/%	实交额/亿美元	实交额/亿美元
6	保险和养老金服务	48. 1	23. 0	49. 3	53. 1	76. 1
7	金融服务	30. 3	11. 9	36. 8	9. 1	21. 0
8	包括的知识产权使用费	47. 4	27. 2	32. 0	173. 6	200. 8
9	电信、计算机和信息服务	100. 0	538. 6	100. 0	269. 0	807. 6

续表

序号	品 类	出口		进口		进出口
		实交比/%	实交额/亿美元	实交比/%	实交额/亿美元	实交额/亿美元
10	其他商业服务	47.4	347.5	32	159.5	507.0
11	个人、文化和娱乐服务	57.2	6.9	46.9	19.1	26.0
合 计		—	955.1	—	683.4	1638.5

资料来源：国家外汇管理局国际收支统计表，国家工业信息安全发展研究中心“中国两化融合”平台数据库。

虽然试测度结果存有局限性，具体数字不足以作为深入进行定量分析的投入，但是它能够大体上揭示出中国数字贸易的趋势和比例关系，具体可以看以下三个方面。

首先，从（实际数字交付服务）数字贸易自身发展看：2018 年我国数字贸易整体规模为 1393.6 亿美元（见图 4.1）。2019 年上升到 1638.5 亿美元，增长 17.6%。其中出口规模由 2018 年的 812.5 亿美元上升到 2019 年的 955.0 亿美元，增幅为 17.5%；进口规模由 2018 年的 581.1 亿美元上升到 2019 年的 683.5 亿美元，增幅为 17.6%。贸易顺差由 2018 年的 231.4 亿美元提升到 2019 年的 271.5 亿美元，增长 17.3%。三项指标增长态势明显。

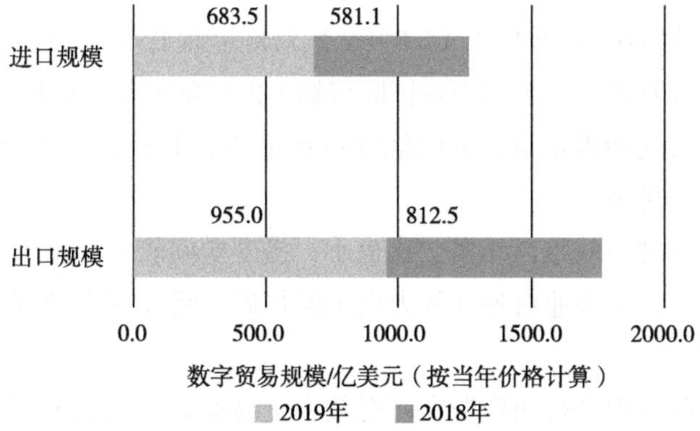

图 4.1 2018—2019 年中国（实际数字交付服务）数字贸易进出口规模

资料来源：根据工信安研中心测算。

其次，数字贸易对服务贸易贡献率攀升。数字贸易成为带动服务贸易增长的重要动力。2019 年，我国服务贸易整体规模为 5.4 万亿元，数字贸易规模所占比重为 25.6%，比上年同期提升 3.4 个百分点（见图 4.2）。与 2018 年相比，数字贸易规模同比增长 19.0%，是整体服务贸易增长率的 7 倍，增速十分显著。随着数字贸易在全球贸易格局的重要性不断提升，全球贸易焦点正加快沿着“货物贸易—服务贸易—数字贸易”路径演进。

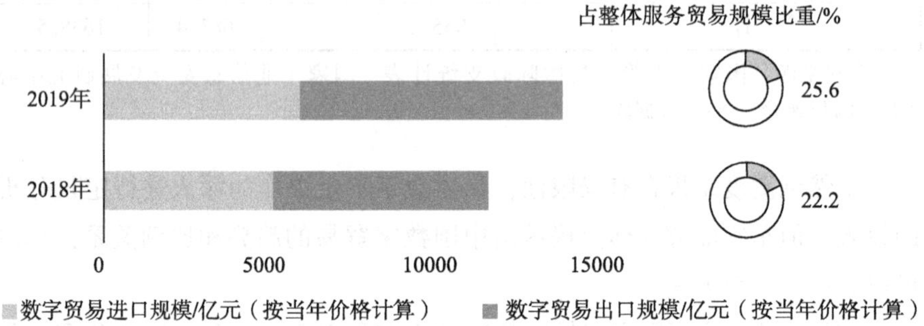

图 4.2　2019 年我国数字贸易规模占服务贸易规模比重

资料来源：国家工业信息安全发展研究中心测算。

最后，还可以分类别看：电信、计算机和信息服务数字贸易进出口贡献显著，竞争力稳步提升。电信、计算机和信息服务进出口占比最大，2019 年为 49.3%。数字实交额为 807.6 亿美元，其中出口额为 538.6 亿美元，进口额为 269.0 亿美元，贸易顺差为 269.6 亿美元（见图 4.3）。2019 年进出口额比 2018 年增长了 14.0%，贸易顺差增长了 15.8%。这反映出我国电信、计算机和信息服务在国际市场上的竞争力正在稳步提升。

个人、文化和娱乐服务虽然规模占比最小，但其数字融合程度较高，未来增长空间可观。

金融服务规模较小，其实交比也小，提升空间较大。随着相关政策文件的发布实施，金融业对外开放力度不断加码，将加速推动其跨境贸易的数字化转型。

数字化的知识产权使用费在所有数字贸易类别中增速最高，反映出我国知识产权能力和水平正在逐步提升。但是我国数字交付的知识产权出口额远低于进口额，反映出我国技术创新能力在全球的竞争力相对较弱。我国知识产权“走出去”还有很大提升空间，有待于付出更大的努力。

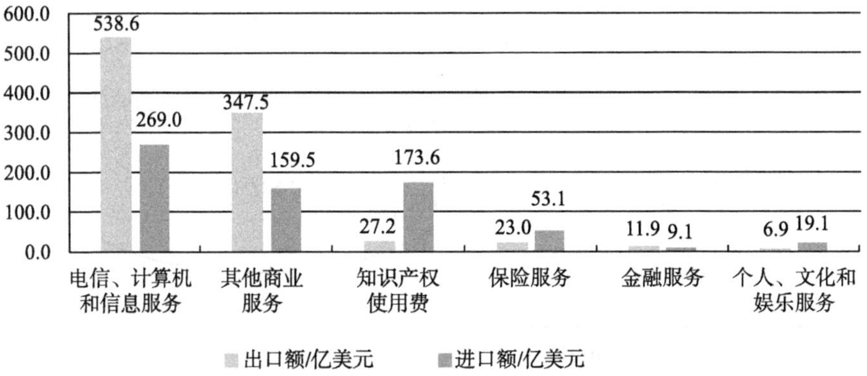

图 4.3 2019 年中国（实际数字交付服务）数字贸易分类别进出口额

资料来源：根据工信安研中心测算。

（四）第二轮试测度的结果和发现

工信安研中心第二轮试测度由数字实交服务扩展到数字订购服务。对 HMDT 要测度的数字订购贸易，按第三章陈述的测度方法，分为数字订购服务贸易和数字订购货物贸易两部分，后者由海关的跨境电商统计提供数据，中心集中做好前者的测度。按第三章式 3.4 测算第 1～5 类和第 12 类服务的样本企业服务出/进口数字订购比，再用它乘以相应类别的总体服务出/进口额，得到数字订购服务出/进口额测度值。

第二轮试测度结果涵盖 2018 年、2019 年和 2020 年三个年度。

1. 我国数字贸易整体情况

（1）我国数字贸易整体规模

2020 年，我国数字贸易整体规模为 4.0 万亿元，同比增长 9.3%（见图 4.4）。其中出口规模为 2.18 万亿元，进口规模为 1.82 万亿元。从交易对象来看，已数字化的服务贸易进出口规模为 2.31 万亿元，其中出口规模为 1.06 万亿元，进口规模为 1.25 万亿元，已数字化的服务贸易规模占服务贸易总规模的 50.6%，与 2019 年的 43.7%相比，增长了 6.9 个百分点。已数字化的货物贸易按跨境电商计算，其进出口规模为 1.69 万亿元，按可比口径计算增长超三成。

（2）数字交付贸易规模

2020 年，我国数字交付贸易规模达到 13183.1 亿元，其中出口规模为

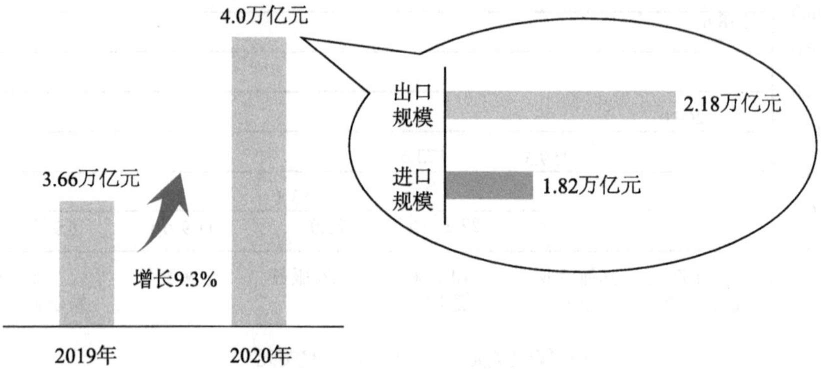

图 4.4 我国数字贸易整体规模

资料来源：国家工业信息安全发展研究中心。

7533.3 亿元，进口规模为 5649.8 亿元，贸易顺差为 1883.5 亿元，与 2019 年（1874.4 亿元）相比略有缩小（见图 4.5）。2020 年，受新冠疫情影响，在整体服务贸易下降的背景下，数字交付贸易仍表现为高速正增长态势，同比增长 16.6%。数字交付贸易占整体服务贸易的比重从 2019 年的 20.9%增长至 2020 年的 28.9%，上升 8 个百分点。可见，数字交付贸易作为数字贸易的核心，对服务贸易的贡献率持续攀升。

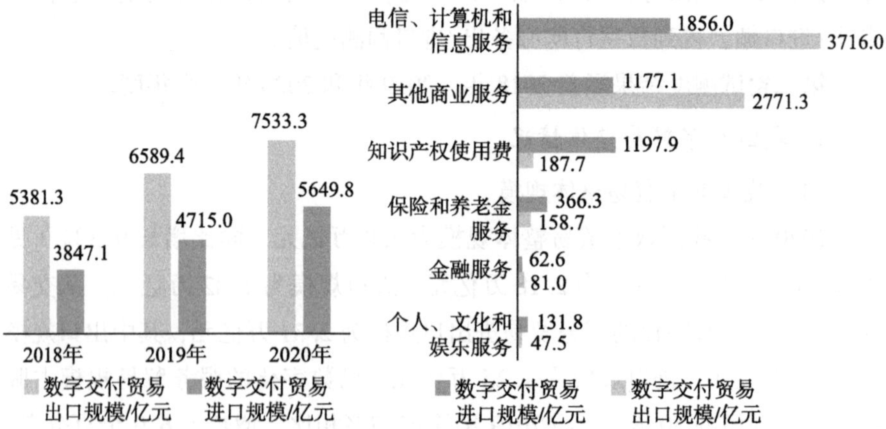

图 4.5 我国数字交付贸易进出口规模

资料来源：国家工业信息安全发展研究中心。

注：右半部分是 2020 年六个数字交付贸易细分领域进出口情况。

（3）数字订购贸易规模

2020 年，我国数字订购服务贸易进出口总规模为 9894.1 亿元，其中进口规模为 6830.5 亿元，出口规模为 3063.6 亿元，贸易逆差为 3766.9 亿元，较上年缩小 40.4%。2020 年，受新冠疫情严重影响，总规模较上年下降 2476.4 亿元，各细分领域贸易规模均表现为不同程度下降，其中旅行、加工、维护和维修服务领域受到的冲击严重，分别较上年缩减 41.6%、17.2%和 13.1%。但同时也要注意到，大部分行业数字融合比稳定上升，疫情正在加速各服务行业数字化转型进程。

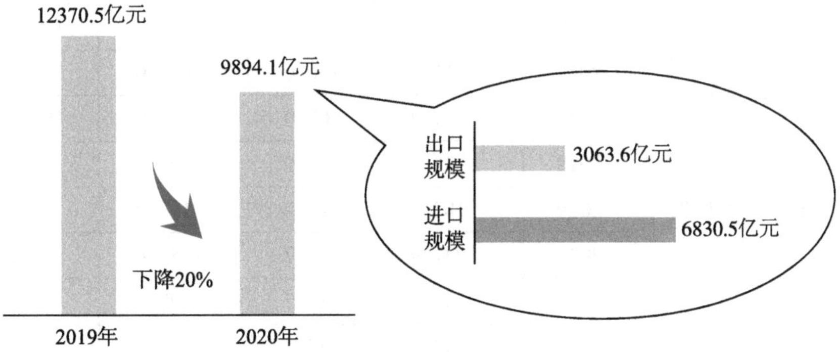

图 4.6 我国数字订购服务贸易进出口规模

资料来源：国家工业信息安全发展研究中心。

此外，数字订购货物贸易（即跨境电商）是带动数字订购贸易增长的主要动力。尽管数字订购服务贸易规模在疫情影响下出现下滑，但数字订购货物贸易强势增长，数字订购贸易总体仍呈现上升趋势，同比增长 6.1%。

2. 我国数字贸易发展分领域情况

（1）数字交付贸易分领域情况

数字交付贸易主要包括保险和养老金服务，金融服务，电信、计算机和信息服务，知识产权使用费，个人、文化和娱乐服务，其他商业服务。整体上看，2020 年我国数字交付贸易规模为 13183.1 亿元（由表 4.3 核算出），同比增长 16.6%，占服务贸易的比重从 2019 年的 20.9%提升至 2020 年的 28.9%，数字交付贸易占服务贸易的比重持续攀升。

表 4.3 数字交付服务贸易进出口情况

类别	年份	出口规模		进口规模	
		金额/亿元	融合比/%	金额/亿元	融合比/%
保险和养老金服务	2018	134.2	41.2	356.9	45.4
	2019	158.5	48.1	366.3	49.3
	2020	189.4	51.1	451.2	53.0
金融服务	2018	62.4	27.1	47.6	33.9
	2019	81.0	30.0	62.6	36.8
	2020	92.8	32.2	81.4	37.2
电信、计算机和信息服务	2018	3114.0	100.0	1572.9	100.0
	2019	3716.0	100.0	1856.0	100.0
	2020	4191.4	100.0	2273.9	100.0
知识产权使用费	2018	135.8	36.9	826.7	35.1
	2019	187.7	40.9	1197.9	50.5
	2020	231.9	38.7	1551.6	59.8
个人、文化和娱乐服务	2018	43.0	53.5	98.1	43.7
	2019	47.5	57.2	131.8	46.9
	2020	56.4	62.2	114.7	55.3
其他商业服务	2018	1891.9	40.9	944.9	30.2
	2019	2398.4	47.4	1100.5	32.0
	2020	2771.3	53.7	1177.1	33.8

资料来源：国家工业信息安全发展研究中心。

保险和养老金服务。2020 年，我国已实现数字化的保险和养老金服务贸易规模为 640.6 亿元，占数字交付贸易的 4.9%，其中出口规模为 189.4 亿元，进口规模为 451.2 亿元。目前我国保险和养老金服务领域处于起步阶段，规模较小，未来发展空间较大。2020 年 1 月，银保监会等 13 个部门联合发布《关于促进社会服务领域商业保险发展的意见》，明确“要促进社会服务领域商业保险发展，提高相关领域风险保障水平，增加长期资金供给”“力争到 2025 年，商业健康保险市场规模超过 2 万亿元”。在政策支持下，该行业有望迎来井喷式发展。

金融服务。2020 年，我国已实现数字化的金融服务贸易规模为 174.2

亿元，占数字交付贸易的1.3%。从数字融合程度来看，金融服务的出口、进口融合比分别为32.2%和37.2%。与其他服务类别相比，金融服务的数字贸易规模较小、数字化程度较低，但发展潜力巨大。一方面，我国不断推动金融行业高水平双向开放，2018年以来，银保监会宣布了三轮共计34条对外开放新措施，涉及取消或放宽外资持股比例限制、放宽外资机构和业务准入条件、扩大外资机构业务范围、优化外资机构监管规则和简化行政许可流程等。银保监会数据显示，截至2020年末，外资银行在华共设立了41家外资法人银行、116家外国银行分行和144家代表处，外资银行总资产3.78万亿元。另一方面，金融服务的数字化转型不断加速，《中华人民共和国国民经济和社会发展第十四个五年规划和2035年远景目标纲要》明确提出要“稳妥发展金融科技，加快金融机构数字化转型”。

电信、计算机和信息服务。从规模上看，2020年，电信、计算机和信息服务进出口规模为6465.3亿元，在数字交付（服务）贸易整体规模中占比最高，为49.0%，其中出口规模为4191.4亿元，进口规模为2273.9亿元，贸易顺差为1917.5亿元。从数字化程度上看，电信、计算机和信息服务贸易进出口数字融合比达到100.0%，是“已完全实现数字化融合”的服务贸易类别，数字化程度远高于排名第二的个人、文化和娱乐类服务贸易（出口数字融合比为62.2%）。从增速上看，2020年，电信、计算机和信息服务进出口总规模同比增长13.8个百分点，贸易顺差呈现扩大趋势，与2018年的1541.1亿元相比，增长了24.4%，与2019年的1860亿元相比，增长了3.1%，反映出我国电信、计算机和信息服务在国际市场中的竞争力正在稳步提升。

知识产权使用费。2020年，我国已实现数字化融合的知识产权使用费贸易规模为1783.5亿元，同比增长22.3%，占数字交付贸易进出口总规模的13.5%。应当注意到，当前我国数字交付的知识产权出口规模的仅为231.9亿元，远低于进口规模的1551.6亿元，贸易逆差从2019年的1010.2亿元扩大至2020年的1319.7亿元，反映出我国技术创新能力在全球竞争中仍然相对较弱，“进口替代”产业发展有待进一步提质加速。随着2019年和2020年制定的《深入实施国家知识产权战略加快建设知识产权强国推进计划》，明确提出要“做好经贸领域的知识产权工作”“深化知识产权国际交流合作”，未来我国知识产权贸易有望得到较大提升。

个人、文化和娱乐服务。个人、文化和娱乐服务主要包括社交媒体、数字传媒、数字娱乐、数字学习、数字出版等。2020 年，我国已实现数字化融合的个人文娱服务进出口总规模为 171.1 亿元，在数字交付贸易总规模的占比较小，为 1.3%。尽管规模较小，但数字融合比较高，进、出口数字融合比分别为 55.3%和 62.2%，仅次于排名第一的电信、计算机和信息服务。贸易逆差显著缩小，从 2019 年的 84.3 亿元缩小至 2020 年的 58.3 亿元，缩减幅度达到 30.8%，反映出个人、文化和娱乐服务企业“走出去”步伐不断加快。网络游戏可能是我国文化“走出去”收入最多的文化娱乐产业。《2020 年中国游戏产业报告》显示，2020 年，我国自主研发网络游戏海外市场实际销售收入达 998.7 亿元（154.5 亿美元），同比增长 33.25%，“游戏出海”规模进一步扩大。

其他商业服务。其他商业服务主要指技术服务、专业和管理咨询服务、研发成果转让费及委托研发等商业服务。2020 年，我国实现数字化融合的其他商业服务贸易规模达 3948.4 亿元，占数字交付贸易的比重达到 30.0%，其中进口规模为 1177.1 亿元，出口规模为 2771.3 亿元，贸易顺差与上年相比扩大 296.3 亿元。随着我国计算机服务、广告服务、金融服务等高附加值服务出口快速增加，产业结构不断升级，对服务贸易结构调整和优化起到了重要推动作用，促进了知识密集型企业技术、管理咨询、研发等商业服务出口贸易的健康发展。

（2）数字订购服务贸易分领域情况

数字订购服务贸易主要包括运输、旅行、建筑、维护和维修、加工和政府服务。其中，政府服务指政府和国际组织（含驻军）提供与购买的各项服务，两化融合公共服务平台上未收录相关数据，且《中国商务年鉴》中这部分服务贸易进出口额较小，在本研究中忽略不计。整体上看，2020 年我国数字订购服务贸易规模为 9894.1 亿元，与上年相比，降低 2476.4 亿元（可由图 4.4 中的数据计算出）。数字订购服务贸易受新冠疫情影响最为严峻，其细分服务类别均不同程度受到冲击，旅行、加工、维护和维修等表现显著，但大部分行业数字融合比在稳定上升，反映出疫情正在加速各服务行业数字化转型进程。

表 4.4 2018—2020 年数字订购服务贸易进出口情况

类别	年份	出口规模		进口规模	
		金额/亿元	融合比/%	金额/亿元	融合比/%
运输服务	2018	884.5	31.6	2307.5	32.2
	2019	1012.8	31.9	2402.0	33.2
	2020	1487.5	38.1	2664.5	40.8
旅行	2018	817.3	31.3	6247.0	34.1
	2019	759.5	31.9	6582.4	38.0
	2020	473.6	41.5	3810.7	42.1
建筑服务	2018	397.6	22.6	192.4	33.8
	2019	519.7	26.9	228.2	35.6
	2020	516.6	29.8	207.5	36.9
维护和维修服务	2018	285.1	60.0	82.2	49.0
	2019	287.8	41.0	121.0	48.0
	2020	219.7	41.6	135.5	58.5
加工服务	2018	380.5	33.0	5.3	30.0
	2019	445.2	33.0	11.9	54.0
	2020	366.2	31.2	12.3	35.8

数据来源：国家工业信息安全发展研究中心。

运输服务。受新冠疫情影响，运输业进口规模从 2019 年的 7235 亿元下降至 2020 年的 6530.6 亿元，尽管出口规模有所上升，但从进出口总规模上看与上年相比并无太大进步。新冠疫情加速运输业数字化转型进程，运输服务进出口数字融合比较上年均有较大提升，其中出口的数字融合比从 2019 年的 31.9%上升至 38.1%，进口的数字融合比从 2019 年的 33.2%上升至 2020 年的 40.8%。因此，在运输服务贸易总额停滞不前的背景下，数字化的运输服务贸易快速增长，从 2019 年的 3414.8 亿元增长至 2020 年的 4152 亿元，展现出强大的韧性，推动运输服务贸易复苏的引擎作用明显。

旅行。旅游业受新冠疫情的影响最为严重。联合国人口统计数据显示，全球至少有 91%的人口（约 71 亿人）所居住的国家对旅游接待业采取了各类限制措施，旅游目的地也大都实行了游客入境旅行的限制。旅游业出口规模从 2019 年的 2381 亿元下降至 2020 年的 1141.3 亿元，进口规模从 2019 年的 17322 亿元下降至 2020 年的 9051.6 亿元，进出口规模均遭“腰斩”。数字化转型是疫情下旅游业应对危机的重要抓手，从数据上看，旅游业进出口的数字融合比双双提升，均达到 40%以上。尽管如此，由于基数下降幅度较大，数字化的旅游服务贸易进出口额仍表现为下降趋势。

建筑服务。建筑服务贸易主要以工程外包、劳务输出来实现。受世界经济持续低迷、国际基础设施投资热度减弱、贸易保护主义抬头、新冠疫情蔓延反复等多重因素影响，2020 年，以数字订购形式实现的建筑贸易进出口总规模为 724.1 亿元，与 2019 年相比下降了 23.8 亿元。与其他服务类别相比，2020 年，建筑服务业通过线上订购实现交易的比例较低，其中出口的数字融合比仅为 29.8%，不足 30%。但线上订购比例持续稳定扩大的趋势没有改变，进、出口数字融合比分别比上年提升了 10.5%和 0.6%，反映出建筑服务业的交易方式从线下转向线上是大势所趋。

加工、维护和维修服务。加工、维护和维修服务是与制造业密切相关的服务贸易。2019 年 1 月，国务院印发的《国务院关于促进综合保税区高水平开放高质量发展的若干意见》明确提出，要推动综合保税区发展成为具有全球影响力和竞争力的加工制造中心、检测维修中心。企业入境加工、维修业务在 2019 年出现明显扩张。但随着新冠疫情的到来，2020 年又呈现回落的趋势。2020 年，以数字订购形式实现的加工、维护和维修服务贸易总规模为 733.7 亿元，与 2019 相比下降了 15.3%，其中，加工服务下降了 17.2%，维护和维修服务下降了 13.1%。

3. 数字订购货物贸易发展情况

数字技术创新了生产和消费方式，并逐渐渗入制造、批发、零售等多个领域。随着数字技术在全球范围内的应用和普及，中间环节减少、交易成本下降、效率提升等不断拓宽市场边界，线上订购的贸易规模不断增长，加速推动全球价值链升级。根据 OECD、WTO、IMF 的数字贸易测度框架，数字订购贸易中“货物”部分，与跨境电商有较高的重合部分。因此，在本研究中，我们用跨境电商的规模作为分析数字订购贸易规模的重要指标。

根据我国海关总署的统计数据，2020 年全国跨境电商进出口总规模为

1.69 万亿元，按可比口径计算增长 31.1%。其中，出口规模为 1.12 万亿元，增长 40.1%；进口规模为 0.57 万亿，增长 16.5%。从横向来看，与 2020 年货物贸易进出口总规模增长 1.5%相比，跨境电商增速遥遥领先，是我国货物贸易的重要增长点。从纵向来看，我国跨境电商进出口规模连年保持高速增长，但增速趋缓趋稳，跨境电商规模 5 年增长近 10 倍，特别是在 2020 年新冠疫情和国际经贸形势严峻的双重因素影响下，跨境电商规模仍稳定增长，成为稳外贸的重要力量。

二、天津鼎韬研究院的数字贸易测度研究

鼎韬研究院（以下简称鼎韬）是一家民营研究机构，总部设在天津，在国内外多处设有分公司或代表处，承接过商务部和联合国工业发展组织的多项研究课题，发起和参与制定了多项服务贸易及外包行业标准，取得部分创新成果。它的数字贸易测度方法核心思想是“以数字化渗透率作为调整因子”。2022 年 5 月，鼎韬发布《2021 年中国数字贸易发展报告》，专门阐述其数字贸易测度理念、方法、发现及建议。2022 年，《对外经贸统计》① 连续 3 期刊登鼎韬齐允中的文章《数贸测度三个可行路径研究》。本部分内容根据上述报告和文章编写。鼎韬在数字贸易测度方面的研究具有独特见解，可以为国内外相关机构所借鉴。

（一）鼎韬的数字贸易涵盖范畴

1. 聚焦于服务贸易窄测度

鼎韬认为，纵观全球针对数字贸易的研究可以发现，在统计上基本都是基于服务贸易展开。这是因为在相当程度上，数字贸易本质上就是服务贸易的数字化：一方面，服务贸易十二大领域的数字化转型为数字贸易提供了现实的基础；另一方面，数字经济发展所产生的全新数字服务领域又丰富并扩大了服务贸易的内涵和外延。

2. 指出可数字化交付服务贸易指标的替代本质和由此而来的局限性

在数字贸易的规模测算方面，目前一个比较通行的做法是采用“可数

---

① 中华人民共和国商务部主管，中国对外经济贸易统计学会主办，内部交流刊物，双月刊。

字化交付的服务贸易”指标。[①] 鼎韬把这个方法称为格立姆-UNCTAD 测度法。

鼎韬指出，格立姆-UNCTAD 测度法本质上是采用数据替代方法。此法主张将现有服务贸易统计体系中保险和养老金服务，知识产权使用费，电信、计算机和信息服务，个人、文化和娱乐服务，金融服务和其他商业服务六个类别的规模，定义为“可数字化交付的服务贸易”，作为数字贸易规模的替代指标。

中国商务部在《中国数字贸易发展报告 2019》《中国数字贸易发展报告 2020》以及中国信通院在《数字贸易发展白皮书（2020）：驱动变革的数字服务贸易》中所采用的也是同样的统计方法。商务部研究院服务贸易研究所编印的内部读物也持同样的看法。

但是，“可数字化交付的服务贸易”只能作为一个趋势性指标，其核心问题在于：一方面“可数字化”不代表已经数字化，其中的贸易规模并不都是数字贸易；另一方面数字平台赋能的贸易和其他新兴的数字贸易领域以及服务贸易未涵盖的其他领域也有大量的数字贸易规模没有纳入计算范围，因此统计数据不足以精确描述数字贸易的真实情况。

3. 明确数字贸易涵盖范畴

当前国民核算及贸易统计体系不能提供数字贸易数据来源，但是数字贸易测度又需要立足于现有商务部的服务贸易统计和服务外包统计制度获取测度数字贸易规模的投入数据。为此，把服务贸易和离岸外包细分领域分成数字贸易化部分和贸易数字化部分。

数字贸易化部分，就是指在商务部服贸司现有统计中，完全基于数字技术实现的贸易，包括 ICT 服务贸易（电信、计算机和信息服务）和离岸数字服务外包。这两部分内容都有明确的统计体系，可以获得直接的贸易数据。

鼎韬提出一个判断标准：某类服务贸易是否属于或包含数字贸易内容，就是考察这一类服务贸易是否属于数字经济分类和统计的内容。根据这个标准，运输和建筑两个一般被认为难以数字化的行业则属于数字经济的范畴，从而其中也必然包含数字贸易的内容。而旅行、维护和维修服务、加工服务和政府服务则属于完全无法数字化交付的服务贸易领域，应

---

① 这是鼎韬的用法，本书其余章节称之为“数字可交付服务”。

当排除在外。总之，贸易数字化部分，就是 BOP 服务贸易中除“电信、计算机和信息服务”外的以下七个服务类别：

个人、文化和娱乐服务；

知识产权使用费；

金融服务；

保险和养老金服务；

其他商业服务；

运输服务；

建筑服务。

个人、文化和娱乐服务，指服务的接受者在本经济体内接受非居民所提供的数字化的个人、文化和娱乐服务。它包括：在本经济体内接受非居民提供的远程个人、文化和娱乐服务；非居民前往本经济体提供个人、文化和娱乐服务。文化服务：指新闻出版服务、广播影视服务、文化艺术服务、文化信息传输服务、文化创意和设计服务和其他文化服务。

知识产权使用费同样是数字贸易的重点领域，指其他未包括的以数字技术研发、通过数字化手段交付的知识产权的使用费，包括特许和商标使用费、研发成果使用费、复制或分销计算机软件许可费、复制或分销视听及相关产品许可费和其他知识产权使用费。其发展和我国数字技术及服务标准出口息息相关。近年来，我国相继出台了一系列关于知识产权保护的政策，但是知识产权保护尚处于探索阶段，版权之争屡见不鲜。相关数字技术的应用需求日益提升，通过运用大数据、人工智能、区块链等技术，对知识产权侵权行为进行预警监测，并根据数据及舆情状况开展分析研判，实现“确权、确价、确信”，以数字技术推动知识产权高质量发展，从源头上加强知识产权保护，促进行业发展，具有重要意义。

数字金融服务指保险和养老金服务之外的金融中介和辅助服务中的数字化交付部分。它通常包括由银行和其他金融公司提供的服务，如存款吸纳和贷款、信用证、信用卡、与金融租赁相关的佣金和费用、保理、承销、支付清算等服务。此外，它还包括金融咨询、金融资产或金条托管、金融资产管理及监控、流动资金提供、非保险类的风险承担、合并与收购、信用评级、证券交易和信托等服务中的数字化交付部分，包括银行数字金融服务和数字资本市场服务两个子类。

数字保险服务包括人寿保险和年金、非人寿保险、再保险、标准化担保服务，以及保险、养老金计划和标准化担保计划的辅助服务所涉及的保费、费用等服务中数字化交付的部分，即互联网保险服务。

其他商业服务包括研发成果转让费及委托研发、专业和管理咨询服务、技术服务、营业租赁服务等别处未涵盖的服务贸易中的数字化交付部分。“金融服务”和“其他商业服务”的数字化使用场景广泛，产业规模在未来仍有较大的提升空间。

运输服务和建筑服务的数字化主要具有如下特征：

运输领域，数字运输包括智能交通和智慧物流两个子类。数字化的运用可以体现在 RDC（区域配送中心）服务多座城市 DC（城市配送中心）、运输全过程的可视化等方面。

建筑服务主要是在建筑工程所在经济体未设立法人、分支机构及项目办公室由本经济体居民企业直接开展的建设活动中的数字化建筑业内容。数字化建筑本身就属于数字经济及其核心产业统计分类范畴，指利用 BIM 技术、云计算、大数据、物联网、人工智能、移动互联网等数字技术与传统建筑业的融合活动。

（二）以数字渗透率为核心的测度方法

1. 数字渗透率的作用和定义

所谓数字渗透率，即完全以数字化形态交付和数字化手段订购的服务贸易额占企业全部服务贸易额的比例。

数字渗透率建立的核心思路在于：在暂时无法获得全行业统计数据的情况下，通过企业调研和样本采集获得足够数量的企业样本数据，利用统计模型和指标体系的建立，首先获得单个企业服务贸易总额中的数字渗透率，从而计算得出单个企业数字贸易的规模和占服务贸易总额中的比例；进而将同行业所有企业的数字渗透率汇总，通过建立加权模型计算得出某一行业整体的数字渗透率水平，从而可以计算得出该行业的数字贸易规模和占该行业服务贸易总额的比例。

2. 数字贸易额的具体组成部分

数字服务贸易额由其包括的三个组成部分的数字贸易额加总得到：ICT 服务贸易额、离岸数字外包服务额、其他服务贸易中的数字贸易额。

（1）ICT 服务贸易额

电信、计算机和信息服务贸易额全额纳入数字服务贸易统计。

（2）离岸数字外包服务额

离岸数字服务外包额由其包括的三个品类的全部或部分贸易额加总得到：

①离岸信息技术外包额；

②离岸知识流程外包额中的文化创意；

③离岸业务流程外包中互联网营销推广服务中的：

A. 互联网媒体服务额；

B. 呼叫中心服务中的智能客服额。

④数字内容中的数字内容外包额。

3. 基于数字渗透率测算其他服务贸易中的数字贸易额

通过数字渗透率将包含在 BOP 服务贸易中的其他 7 类服务贸易中的数字交付服务规模纳入数字贸易统计范围（见表 4.5）。

表 4.5 数字贸易涵盖范畴及纳统办法

<table>
<tr><th>服务贸易类型</th><th>业务分类</th><th>服务类别细分</th></tr>
<tr><td rowspan="3">ICT 服务贸易</td><td rowspan="3">电信、计算机和信息服务</td><td>电信服务</td></tr>
<tr><td>计算机服务</td></tr>
<tr><td>信息服务</td></tr>
<tr><td rowspan="3">离岸数字外包服务</td><td>信息服务外包（ITO）</td><td>全部</td></tr>
<tr><td>业务流程外包（BPO）</td><td>其中：互联网媒体</td></tr>
<tr><td>知识流程外包（KPO）</td><td>其中：智能客服</td></tr>
<tr><td colspan="3">以上按细分类别全部纳统</td></tr>
</table>

续表

服务贸易类型	业务分类	服务类别细分
BOP中其他服务贸易	保险和养老金服务	寿险
		非人寿险
		再保险
		标准化担保服务
		保险辅助服务
	金融服务	除保和养老金服务之外的金融中介和辅助服务
	个人、文化和娱乐服务	视听和相关服务
		教育服务
		医疗服务
		其他文化和娱乐服务
	其他商业服务	研发成果转让费及委托开发
		法律、会计、广告等专业和管理咨询
		技术服务
		经营性租赁
		货物或服务交易佣金及相关服务
		办事处、代表处等办公经费
		上述未提及的其他商业服务
	知识产权费	其他未涵盖的知识产权费
	运输服务	海运
		空运
		其他运输方式提供的服务
		邮政及寄递服务
	建筑服务	境外建设
		境内建设
以上纳入基于各自的服务出/进口数字渗透率的数字化交付部分金额		

资料来源：根据鼎韬报告改制。

具体计算公式如下：

其他服务贸易中的数字贸易出/进口额
= 保险和养老金服务出/进口额 × 本类出/进口数字渗透率
+ 金融服务出/进口额 × 本类出/进口数字渗透率
+ 个人、文化和娱乐服务出/进口额 × 本类出/进口数字渗透率
+ 其他商业服务出/进口额 × 本类出/进口数字渗透率
+ 知识产权费服务出/进口额 × 本类出/进口数字渗透率
+ 运输服务出/进口额 × 本类出/进口数字渗透率
+ 建筑服务出/进口额 × 本类出/进口数字渗透率 （式 4.5）

（三）鼎韬的企业调研和测度结果

1. 企业调研

2020—2022 年，鼎韬针对北京、上海、天津、广东、江苏、浙江、山东等地的近 2000 家服务贸易企业进行了专题调研。企业行业分布涵盖除政府服务外 BOP 中的 11 个类别，以及服务外包、中医药服务、数字技术服务、数字内容服务和数字中介平台服务等特色服务贸易领域和产业新兴业态；企业类型涵盖总部和集团等大型企业、行业领军及骨干型企业、创新型中小企业等。

在调研过程中，鼎韬综合应用了问卷调研、电话及在线交流、实地访谈等多种方式，对企业调研数据进行多轮核实、验证，排除不合理数据，力图最大限度地全面、真实、客观和准确地评估当前我国服务贸易的数字化升级和发展情况。

2. 数字贸易规模测度方法

完全依托现有服务贸易和服务外包统计体系获取基础数据。

指标测度：在重点服务贸易企业统计监测中加入数字化交付比统计，分别针对进口企业和出口企业统计企业直接通过数字化交付或数字化方式获取的服务贸易额；以直接统计企业数据为样本，利用服务贸易的数字渗透率指标对数字贸易规模进行测度。

统计数据去重。在现有服务外包统计中，尤其是 ITO 与服务贸易统计中的“电信、计算机和信息服务”有重合，在数据统计过程中需要做去重

处理。

服务出/进口计算公式：

$$数字渗透率=\frac{完全数字化交付收入}{数字化订购跨境服务总收入} \quad （式4.6）$$

3. 数字贸易规模测度结果

根据测算得出，2019—2021年，我国数字贸易的进出口规模从18598.7亿元增至21851.7亿元（见图4.7）。

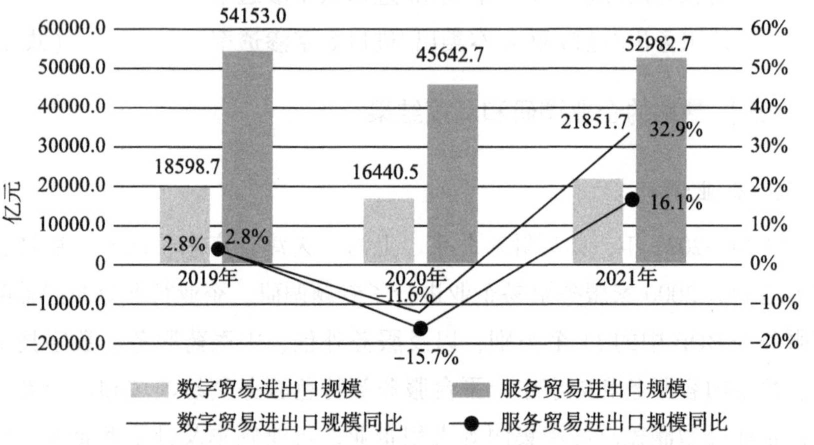

图4.7 2019—2021年中国数字贸易与服务贸易规模及同比

基于数字贸易进出口规模，我们进一步测算得出2021年服务贸易重点领域的数字渗透率达到0.347，较2020年的0.29提高了5.7个百分点。

（四）鼎韬研究的发现和建议

1. 知识密集型服务领域仍有较大提升空间

调研发现，知识密集型服务贸易的各领域数字化表现各不相同。

2021年，个人、文化和娱乐服务数字化应用和升级进程较快，数字渗透率为0.42，位于细分领域中的第一梯队。知识产权使用费的数字渗透率达到0.41，位于细分领域中的第一梯队。金融保险服务和其他商业服务的数字渗透率较低，分别为0.34和0.33，低于全国服务贸易数字渗透率的平均水平（见表4.6）。

表 4.6　2021 年重点细分领域的数字渗透率水平

重点细分领域	数字渗透率
个人、文化和娱乐服务	0.42
知识产权使用费	0.41
金融保险服务	0.34
其他商业服务	0.33
运输服务	0.26
建筑服务	0.25

资料来源：根据鼎韬调查数据测算结果。

注："金融保险服务"因调研采集样本影响，将"金融服务"及"保险和养老金服务"合并分析。

2. 运输服务和建筑服务升级中的影响力不容小觑

2021 年，运输和建筑两大传统服务贸易领域的数字渗透率分别为 0.26 和 0.25，在所有细分领域中垫底，数字化水平不高。但由于传统服务贸易领域的规模大、范围广，因此在服务贸易整体数字渗透率和升级中的影响力也不容小觑。近年来，相关领域内的企业也在积极探索和实践数字化的转型升级。

3. 数字贸易具有强劲的发展趋势

据商务部公开发布的统计数据，中国可数字化交付的服务贸易进出口额从 2019 年的 18778.0 亿元增至 2021 年的 23258.6 亿元，增速从 10.8% 提升至 14.4%，占服务贸易总额的比重由 44.5%降为 43.9%，发展较为平稳。

4. 数字贸易统计方法有待深入研究

从统计的角度来讲，针对数字贸易的发展，还有新兴的业态尚未纳入现有统计体系中来，围绕新兴领域的统计，可以改变现有统计方法，扩大统计范围，或者针对数字贸易，研究一套新的统计方法。目前全国先进地区、行业咨询机构也在加强数字贸易统计和测度方法的研究创新。这两年鼎韬结合对产业的调研，及对当前统计方法的深入研究，编制形成《以管窥豹：数字贸易统计与测度研究》专题研究报告，希望通过报告可以推动统计相关工作的进一步延伸，能够在更广泛、更精准、更科学、更适用的程度上研究数字贸易的发展，提供更多的数据，希望大家对数字贸易的发展和统计进行进一步的探讨。

三、对国内数字贸易测度主要成果的综合评论和思考

（一）对国内数字贸易测度各种统计口径和测度方法的归纳

综合本章前两节所述国内开展数字贸易测度实践和其他来源的资料，这里对国内数字贸易测度各种统计口径和测度方法进行归纳如下（见表4.7、表4.8）。

表4.7　不同机构的数字贸易测度涵盖范畴和纳统原则

机构名称	服　务			货　物	
	数字可交付服务BOP中的第6~11类	数字可交付服务以外BOP中的第1~5类和第12类	离岸服务外包	跨境电商	ICT硬件贸易
商务部服贸司	全部贸易额	不纳入	不纳入	不纳入	不纳入
某省商务主管机关	全部贸易额	不纳入	不纳入	纳入	不纳入
工信安研中心	数贸融合部分的贸易额	数贸融合部分的贸易额	不纳入	纳入	不纳入
某直辖市商务主管机关	数贸融合部分的贸易额	数贸融合部分的贸易额	不纳入	纳入	纳入
鼎韬	数贸融合部分的贸易额	数贸融合部分的贸易额	纳入	不纳入	不纳入

资料来源：笔者根据各方面资料归纳而成。

表4.8　三家机构对BOP各类的纳统及融合比确定方法

	第6~11类		第1~5类和第12类	
	融合比名称	纳统类别及其融合比确定方法	融合比名称	纳统类别及其融合比确定方法
工信安研中心	数字实交比	电信、计算机和信息服务的融合比=100%。其余根据调查确定	数字订购比	第1~5类纳统，其融合比根据调查确定。第12类不纳统

续表

	第6~11类		第1~5类和第12类	
	融合比名称	纳统类别及其融合比确定方法	融合比名称	纳统类别及其融合比确定方法
某直辖市	数字交付比	保险和养老金服务，金融服务，知识产权使用费的融合比=100%。其余根据多种方法确定	数字化率	所有6类都纳统。其融合比通过多种方法确定
鼎韬	数字渗透率	电信、计算机和信息服务，保险和养老金服务，金融服务，知识产权使用费的融合比=100%。其余根据调查确定	数字渗透率	将运输和建筑与左列各类服务一并看待，纳统，其融合比根据调查确定。其余不统

资料来源：笔者根据各方面资料归纳而成。

（二）对国内数字贸易测度主要成果的综合评论和思考

贾怀勤“融合比法”的要点有三个：一是主张设立服务分类别的数贸融合因子，将之作用于国际服务贸易相应类别统计数据，测算现有统计框架不能直接提供数字贸易规模数据。二是该因子称为“融合比”，表示数字技术对服务贸易的赋能程度，其数据可以通过企业样本调查等多种途径获得。三是数字技术的赋能表现在服务交付和订购两个场景，因此，“融合比”被赋予不同具体名称。虽然本章开头指出工信安研中心和鼎韬研究院等机构的数字贸易测度方法均直接或间接受“融合比法”指导或影响，但是它们各自开发出不同的数据来源和测算方法，因而各有特色和不足。

1. 在企业数据来源方面

正如前面所写，工信安研中心的数据取自中心的“两化融合平台”，这是一个设立时间较长的企业调查机制，有较为稳定的数据来源。其中，服务业企业达1万多家，如果在12个服务品类中摊分，平均每类有800多家；即便是按其实际分布，最少的品类也有百余家。这个样本容量应该是足够的。其不足在于：①中心对样本企业的调查是定制式的，仅凭企业对问卷的回答，缺乏深入的调查；②融合比的获取基于两个假定前提，即假定企业内销（购）与外销（购）比例一致，假定企业的货物销售（购买）与服务销售（购买）比例一致，而这个前提不好满足。鼎韬对其联系企业有较多接触，方便做深入的专题调查。

总之，在企业调查普遍性和样本容量方面，工信安研中心较占优势；在融合比数据调查上，其他机构可以聚焦服务类交易，区分境内交易与跨境交易。

2. 在测度结构和服务品类涵盖方面

在服务品类涵盖及全额纳统方面，各家机构的测度方案主要差别体现在以下三个方面：

（1）是否将离岸服务外包纳统？

中国的数字贸易很重要一部分业务体现在离岸服务外包上，在试点城市设有专门园区，国家出台专门政策给予扶持，其业绩受到从国家到省市乃至园区的高度重视。从业务角度讲，将离岸服务外包纳入数字贸易测度，有其必要。各家机构中只有鼎韬把离岸服务外包列入测度范畴，可能是因为该研究院对服务外包业务较熟悉，与外包企业交往较多的缘故。从统计制度上讲，BOP 服务统计属于国际收支服务贸易统计规范设置，而服务外包统计只是中国商务部的一个业务统计，不具有国际可比性。两者都纳入数字贸易测度，就有重复统计之嫌。这就是其他几家不将其纳统的理由。而鼎新也意识到存在重复统计的可能性，因而在其测度方法中写明“现有服务外包统计中，尤其是 ITO 与服务贸易统计中的‘电信、计算机和信息服务’有重合，在数据统计过程中需要做去重处理”。但是去重处理如何做、结果如何，未披露。

（2）哪些服务品类可以数字订购？

工信安研中心认为第 12 类“政府服务”一般不会通过数字手段开展多（卖方）对多（买方）的交易撮合，因此不将其纳统。而鼎韬认为只有运输服务和建筑服务适合开展数字订购，政府服务显然不适合数字订购，加工服务、维护和维修服务、旅行也不适合数字订购。这项分歧或可以通过共同开展或由权威的独立方做企业和行业调查来解决，如果哪些品类的数字订购占比接近于零，可以将其排除。

（3）哪些服务品类的数字实交比、数字交付、数字渗透率可以按100%处理？

某些品类的可数字化交付服务几乎全部都通过数字交付，其数字实交比、数字交付比、数字渗透率可以设定为100%。具体是哪些，两家机构认知不同。工信安研中心只认定电信、计算机和信息服务；鼎韬认定电信、计算机和信息服务，保险和养老金服务，金融服务，知识产权使用费4个品类。

从试测度研究成果的呈现形式看，鼎韬研究院以本院研究报告的形式发布了成果，工信安研中心先后两次发布了研究报告，课题组成员也在《统计研究》等学术刊物上发表了2篇文章。学术发表要经过专家盲审，中间有对论点、模型和数据的审查和质疑，也有改进要求和建议，因此刊发文章比自家发布报告的学术质量高。

3. 对综合应用几家机构测度既有成果的思考

“融合比法”本来是在向商务部服贸司的建议中提出的，该司的服务贸易重点联系企业常规问卷调查也加入了关于数字服务贸易的问题，只是至2022年仍没有采用“融合比法”对数字贸易开展测度。一些智库和地方政府主管部门所开展的全国层面或地区层面的数字贸易试测度，为国家主管机关提供了经验，也是对其开展数字贸易测度的促进。倘使国家主管机关决定使用“融合比法”开展数字贸易测度，各家机构的具体做法上的分歧，或可以由主管机关直接或委托权威的独立方，邀请几家机构参与，再进行一轮企业和行业调查来求得共识，从而为主管机关制订测度方案提供依据。

第五章

跨境电商统计的探索和创新

跨境电子商务（简称跨境电商）是一个经济体的居民与非居民之间的电子商务。中国的跨境电商统计理论、方法研究与实务探索在统计范畴上经历了从电子商务统计向跨境电商统计聚焦的过程，在研究选题上经历了由一般理论和方法探究到统计调查策划的过程，在统计实务主体上经历了由智库测度率先起步到海关统计与智库测度并行的过程。需要明确的问题是，本章只探讨电子商务的规模统计，不探讨刻画电子商务基础设施和人才资源条件的当时被称为“电子商务发展水平”的综合指数测度。

一、国内电子商务和跨境电商测度/统计理论、方法研究与实务探索

（一）国内电子商务统计理论、方法研究与实务探索

1. 国内电子商务统计理论、方法研究的回顾

21 世纪第一个 10 年，国内学者从借鉴国外入手开始对电子商务统计理论、方法开展研究。时启亮等（2005）① 详细分析了美国的电子商务调查和电子商务交易额的统计方法；曾鸿（2006）② 从供需统计、交易构成统计和交易流向统计等角度，详细分析了中美两国在电子商务统计指标体系构建的基本方法、指标体系两方面的差异，然后着重研究中国的电子商务统计制度和方法。贾怀勤和王海涛（2008）③ 从电子商务交易额统计与现有贸易统计的衔接、调查组织方法、抽样框、统计指标等角度，讨论了我国电子商务统计的开展路径。

进入 21 世纪第二个 10 年，研究转向具体的统计方法。谌楠（2014）④

---

① 时启亮，杨坚争，杨洁. 美国电子商务的调查与统计方法［J］. 中国统计，2005（5）.

② 曾鸿. 中美电子商务统计比较研究［J］. 中国管理信息化，2006（4）.

③ 贾怀勤，王海涛. 对建立我国电子商务统计的思考［J］. 管理科学文摘，2007（12）. 该文章被《中国统计》2008 年第 8 期全文刊载。

④ 谌楠. 电子商务等平台经济的统计方法与监管问题探讨———以上海市为例［J］. 电子商务，2014（11）.

以上海市电子商务统计的实践为例，认为可以采用建立网上直报的常规性统计调查制度。于寅生和吕雷（2015）① 针对基层单位在填报“企业电子商务交易情况年度报表”的问题，从调查制度的完善、提高填报频率、改革调查方式等方面，提出完善我国电子商务统计制度的思考；曾轶雄（2016）② 从数据共享、大数据技术的应用、统计体系再造的角度，提出了以“互联网+统计”的思路开展电子商务统计的构想。陈骥（2017）③ 从电子商务活动的行业特殊性出发，从电子商务统计的组织体系以及统计制度的系统性、规范性的核心内容，电子商务认证制度的推行、统计宣传和执法等辅助手段，大数据技术在电子商务统计中的新应用等方面，提出了设想和建议。

2. 国内电子商务测度实践探索

国内许多智库，如阿里研究院、艾瑞咨询、易观国际、中国国际电子商务中心等都对电子商务（包括跨境电商）规模进行了估算。虽然它们的指标口径和数据来源各异，所发布的数据相互之间没有直接可比性，但是各家智库的历年数据所形成的系列还是能够反映中国电子商务的发展速度和各种特征的。

中国政府有关部门也开展了电子商务测度/统计。不同的管理部门对电子商务统计有不同的侧重。信息化主管部门更关注电子商务的技术水平、基础设施建设和从业人员电子商务知识的普及、用户满意度等“水平”指标。商务主管部门要推进电子商务，必然也关注“水平”指标，但更应以交易额为首要关注对象。综合经济管理部门以研究电子商务对经济推动的效益为重点。从统计的角度来看，交易额不仅易量化、可比较，而且能直接地反映电子商务的发展水平。

商务部自2004年就组织有关机构、专家编纂电子商务年度报告④。报告涵盖国内电子商务的各个方面，电子商务测度规模是其中一个方面。

---

① 于寅生，吕雷. 改革和完善电子商务统计制度的思考［J］. 统计与管理，2015（10）.

② 曾轶雄. 探索“互联网+统计”新思路［J］. 中国统计，2016（3）.

③ 陈骥. 我国电子商务统计体系建设的回顾与思考［J］. 商业经济与管理，2017（8）.

④ 2003年国务院机构改革，原内贸部分机构及其职能与原外经贸部合并，组建商务部。商务部继承了原内贸机构的编纂电子商务报告的传统，自2004年起开始编纂《中国电子商务报告》年度系列。

该报告的电子商务规模指标是电子商务交易额——相当于采购额和销售额的平均值。这方面的数据来源于智库，主要是采用了“自然增长法”“比例估算法”等方法，对大中型企业电子商务交易额、中小型企业电子商务交易额、网络购物交易额进行简单推算，然后将三者加总。《中国电子商务报告（2008—2009 年）》，内容主要涵盖了电子商务发展环境、应用状况和电子商务交易额等方面的内容，但没有关于货物与服务的具体分类和统计。

国家统计局和工信部也曾开展过电子商务领域的统计调查，发布过调查报告，但是不像商务部那样有系列年度数据发布。部分电子商务发展较快的沿海地区如浙江省和上海市也开展了电子商务统计工作的探索。

2002 年，“电子商务统计及其应用研究”课题组称“到目前为止，中国还没有正式的、全面的、有关电子商务的官方统计调查”[①]。2008 年，曾经参加国务院信息化办公室“中国电子商务发展指标体系研究”项目的刘敏、陈正仍然强调“中国还没有建立正式全面的（电子商务）官方统计体系”[②]。

（二）国内跨境电商测度/统计理论、方法研究与实务探索

早期罕见国内学者对跨境电商测度/统计理论、方法进行研究。贾怀勤、吴珍倩（2011）[③] 指出，到 21 世纪第一个 10 年终了，随着经济全球化的深化和电子商务越来越普遍的开展，国际贸易中的电子商务统计终于被国际贸易统计所关注。2010 年完成修订的《国际服务贸易统计手册》和《国际货物贸易统计：概念和定义》都有段落专门阐述电子商务统计问题。他们根据有关国际组织文献[④]的精神绘制一张图帮助判断一笔电子商务交易究竟是按货物贸易记录还是按服务贸易记录，建议商务部着手进行电子商务进出口额的统计。

---

① 中华人民共和国商务部. 中国电子商务报告（2006—2007 年）[M]. 北京：清华大学出版社，2008. 中华人民共和国商务部. 中国电子商务报告（2008—2009 年）[M]. 北京：清华大学出版社，2009.

② 戢运丽. 对我国电子商务统计的思考 [J]. 物流经济，2008（1）.

③ 贾怀勤，吴珍倩. 电子商务统计及其与国际贸易统计的交叉 [J]. 中国电子商务，2011（9）.

④ 联合国经社理事会 2011 年《全球化对国民核算的影响》第 13 章“电子商务”。

沈玉良对全球各国电子商务统计方法做如下概括（见表 5.1）。

表 5.1　全球代表性（包含跨境）电子商务官方统计模式

序号	数据来源	采集方式	存在问题	典型代表
1	企业调查数据	官方关于企业调查，涉及关于 ICT 技术使用的模块，与电子商务有关的典型问题是企业是否通过互联网接收或下订单，这些订单可能涉及 B2C 和 B2C 电子商务，并包括国内和国际交易	目前官方调查未能区分企业来自国内和境外电子商务的销售价值及份额的数据	西班牙、加拿大和日本等
2	消费者调查数据	官方收集家庭和个人的消费模式调查数据，这些调查如果包括网上购物数据，则涵盖 B2C 和 C2C 电商数据，但是不能捕捉 B2B 数据	消费者可能不知道在线购买的货物是否来自国外的供应商	欧盟
3	国际收支统计	跨境电子商务在技术上可以在国际收支中被记录为商品或服务的进口或出口。但实践中，通过网络购买的数字产品是无形的，通常不向海关申报	贸易统计数据中，也不一定包括低于一定价值的货物。例如新西兰规定低于 1000 新元的商品不必向海关申报	新西兰等
4	国际邮政统计	自 1875 年以来，万国邮政联盟通过年度官方统计调查数据，编制了关于国内和国际处理的邮件和包裹数量的官方统计数据，在线订购的商品可通过国际包裹以及特快专递进行交付	缺少价值信息	全球各国
5	单个国家海关统计	例如中国海关设立关于跨境电子商务的海关监管代码 9610、1210、1039 等	跨境 B2C 方面仅能统计在平台备案企业的跨境电商价值	中国

资料来源：前四种电子商务的官方统计模式资料根据 UNCTAD（2016），In Search of Cross-border E-commerce Trade Data 整理；最后一种官方统计模式根据中国海关官网资料整理。

2012 年 12 月，国家决定全面启动跨境电商试点工作[①]，为此 2013 年被业内人士称为“跨境电商元年”。智库对跨境电商测度更为重视。自 2014 年起，政府主管部门也开始有跨境电商数据发布。

跨境电商业务全链条包括平台、卖家、物流、仓储、支付等诸多参与者，以及海关、税务、外汇管理等政府监管部门，链条各环节均有一定数量的数据沉淀。根据交易主体、交易流向、交易标的、运营方式、监管方式的不同，对跨境电商内涵、外延的理解也各不相同。目前各社会机构主要通过收集各个渠道信息对跨境电商进出口规模进行测算，与现有的政府统计在概念认定、统计口径、统计方法上存在明显差异。从调研交流情况看，社会各机构主要以政府定期发布的相关信息、企业公开的财报数据、企业抽样调查数据以及电商平台的外宣信息等为基础，测算出跨境电商进出口规模。这种测算方式难以最大限度地从单一角度采集数据，易导致数据的交叉重叠，造成一定程度的重统或者漏统，难以实现不同数据源之间的交叉验证，也缺乏对数据质量控制所需的行政等手段。

商务部电子商务司在其组织各方面专家编写的《中国电子商务报告》年度系列报告中开始有跨境电商规模数据披露。表 5.2 列出了该系列报告所披露的 2014—2021 年中国跨境电商交易额数据。需要对此表的数据来源做出说明：2014 年和 2015 年的数据来自社会智库，2018 年报告所披露的 2015—2017 年数据来自海关总署，之后都是每年披露上一年的海关数据。由于智库与海关对跨境电商涵盖范畴定义不同，使用的数据获取方法不同，还由于海关自身也经历了跨境电商涵盖范畴和数据获取方法的优化，这些年的数据不存在纵向可比性。从表 5.2 第 3 栏的用语不同——尽管这些用语不是海关的官方表达——也可以看出海关跨境电商统计的口径前后的变化。2015—2019 年，跨境电商交易额（进出口总额）由人民币数百亿元量级逐步提升到 1000 亿元量级，基本上可以认为是所测度的事物自身的变化。2019 年突然蹿升到 1 万亿元量级，显然源于指标涵盖范畴和数据获取方法的变化。

---

① 2012 年 12 月 19 日，国家发改委和海关总署共同开展的国家跨境贸易电子商务服务试点工作会议召开，标志着跨境电商服务试点工作全面启动。上海、重庆、杭州、宁波、郑州成为第一批试点城市。之后，国务院及有关各部门纷纷出台支持政策，跨境电商得到迅猛发展。

表 5.2 2014—2021 年中国跨境电子商务规模数据

数据所出年份	数据披露年份	跨境电商规模指标描述	交易额
2014	2015	跨境电商零售交易额	718 亿美元
2015	2016	跨境电商交易额	4.56 万亿元人民币
以下使用统一的货币计量单位：(亿元人民币)			
2015	2018	跨境电商零售进出口额	360.2
2016	2018	跨境电商零售进出口额	499.6
2017	2018	跨境电商零售进出口额	902.4
2018	2019	全国海关通过系统验放进出口商品总额	1347
2019	2020	通过跨境电商管理平台的进出口总额	1862
2020	2021	全国跨境电商进出口总额	16900
2021	2022	全国跨境电商进出口规模	19800

资料来源：根据《中国电子商务报告》年度系列有关章节内容整理。

注：表中 718 亿美元、4.56 万亿元人民币两处数据分别来自两家智库。

来自国内电子商务发达省份的浙江省电子商务促进会直接引用海关数据，在其编写的《中国跨境出口电商发展报告（2022）》中写道："海关统计数据显示，2021 年我国跨境电商进出口 1.98 万亿元，增长 15%。"

社会智库对中国跨境电商测度的指标口径和数据来源与海关不同，致使数据有很大差异。比如，网经社测算的 2013 年中国跨境电商规模就已达到万亿元量级，到 2019 年则达到 10 万亿元级（见图 5.1）。而海关总署 2019 年数据仅为万亿元级。又如，亿欧智库测算中国跨境电商出口规模从 2014 年就达到万亿元级，其预测 2023 年逼近 10 万亿元大关（见图 5.2）。

与社会智库对跨境电商测度方法不做具体说明不同，海关总署对跨境电商数据采集方法有详细的说明。近年，海关方面的三部作品——《中国海关统计制度方法——庆祝中国共产党成立 100 周年暨恢复公布海关统计 40 周年》①《跨境电商全业态统计的研究与应用》② 和《中国海关跨境电商

① 海关总署统计分析司. 中国海关统计制度方法——庆祝中国共产党成立 100 周年暨恢复公布海关统计 40 周年 [M]. 北京：中国海关出版社，2021.

② 陆海生、方正、张建国. 跨境电商业态全口径统计的研究与应用 [J]. 海关与经贸研究，2021 (5).

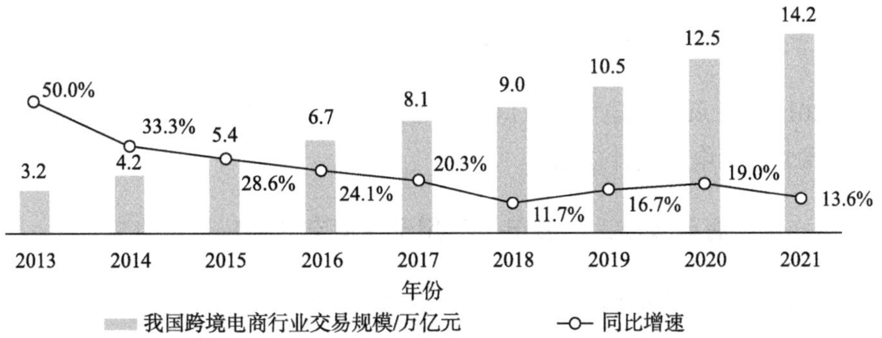

图 5.1 2013—2021 年中国跨境电商行业交易规模及增速

资料来源：网经社。36 氪研究院整理，36 氪研究院：《2022 中国跨境电商行业研究报告》。

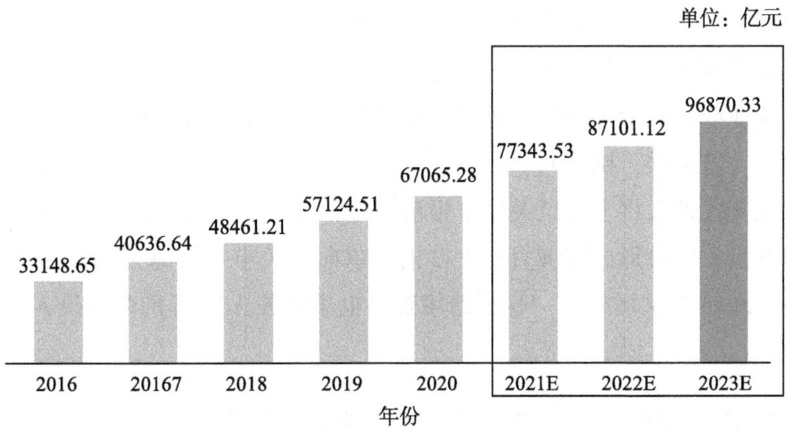

图 5.2 2016—2023 年亿欧智库对中国跨境电商出口规模的测算

资料来源：亿欧智库，《如日方升——2021 中国出口跨境电商发展研究报告》。

统计试点》[①] ——全面地阐述了海关跨境电商统计的演进历程。本章以下部分对上述三项成果的主要内容进行整合梳理，以期使读者简明地理解中国海关跨境电商统计制度的演进历程。

① 李芊：《中国海关跨境电商统计试点》，国际组织和中国国家统计局联合举办“国际贸易统计和经济统计的综合应用”国际培训班，2021 年 11 月 24 日。

二、海关跨境电商管理平台统计

2013 年开展跨境电商试点以来，海关统计部门首先依托跨境电商管理平台探索跨境电商统计体系。

（一）“清单核放、汇总申报”用于跨境电商零售进出口监管

2014 年，海关增列监管方式“跨境贸易电子商务”（专指“跨境直购”，代码 9610）和“保税跨境贸易电子商务”（即网购保税，代码 1210），用于跨境电商零售进出口货物向海关申报，实施“清单核放、汇总申报”通关模式。

此阶段特点是对跨境电商延用货物出入境申报方法采集数据，要领可以用“清单核放、汇总申报”8 个字来概括。“清单核放”指电商企业或平台将电子订单、支付凭证和电子运单（统称“三单”）传输给海关，跨境电商企业或其代理人向海关提交申报清单。海关将申报清单与“三单”核对信息，若无误，则放行。所谓“汇总申报”指每月 15 日前，跨境电商企业或其代理人将上月结关的申报清单按照报关项目分别归并，加总出金额与数量，汇总形成跨境直购出口报关单向海关申报。海关以此作为统计依据。2016 年又增列了“保税跨境贸易电子商务 A”（即网购保税 A，代码 1239）。

（二）“简化申报、清单核放、汇总申报”用于低值跨境电商零售出口监管

2016 年 3 月，杭州海关对中国（杭州）跨境电子商务综合试验区对不涉及出口征税、出口退税、许可证管理并且金额 5000 元以内的跨境电商零售出口货物不再要求按月将清单汇总申报，还允许在清单中按照 4 位数商品编码申报，取得良好试点效果，为海关总署在其他几座试点城市所推广。由直属海关统计部门传输至“海关贸易统计综合管理系统”，并在商品目录中增列品目 98040000“低值简易通关商品”，由归类简化申报的跨境电商零售出口。2016 年起，国家逐步扩大跨境电商综试区范围。

（三）海关跨境电商管理平台统计的正式确立

2018 年 2 月，海关总署首次公布按照三种监管方式统计进出口数据，合称“海关跨境电商管理平台统计”。

2020 年 6 月，海关总署增列监管方式“跨境电子商务企业对企业直接出口”（代码 9710）和“跨境电子商务出口海外仓”（代码 9810），至此海关跨境电商管理平台统计已覆盖网购保税进口、直购进口、一般出口、特殊区域出口、B2B 直接出口、B2B 出口海外仓等跨境电商监管模式，以及 9610、1210、1239、9710 和 9810 等监管代码，并针对跨境电商业态比较集中的邮快件渠道（监管代码为 8639）进行了单列统计。

三、海关跨境电商全业态统计

（一）创设跨境电商全业态统计的基本认识

1. 通过调研确认全口径统计的必要性

通过对跨境电商企业调研访谈发现，海关跨境电商管理平台统计不能涵盖其他一些本属于跨境电商进出口但游离于管理平台之外的各类交易交易，比如：①卖家与买家等选择最合适自身需要的通关方式，往往不一定采用跨境电商海关监管方式；②支付企业不能提供具体跨境电商结算规模，但可以提供佣金等有效信息；③按照个人物品监管的进出境邮快件包裹中也存在电商货物。如果要全面刻画跨境电商规模，就需要采用管理平台申报以外的方法采集数据，完善和优化跨境电商统计。

跨境电商业态发展早于政府监管，是分散在多种物流渠道和通关模式中的外贸新业态。即使在设立跨境电商特定监管代码以后，由于业务习惯、政策因素等多种原因，有些跨境电商货物或物品仍未通过海关跨境电商管理平台申报。海关传统统计方法单一、数据获取能力不足。而社会智库对跨境电商的测度则严肃性和权威性不足。

要优化完善跨境电商统计，既不能仅限于几种特定海关监管方式的范围，也不能泛化到明显不符合跨境电商特征的范围。因此，在遵守国际贸易统计规则，不影响贸易统计完整性和准确性的前提下，以原有按监管方式分类进行跨境电商统计为基础，综合运用统计调查等统计方法和手段，通过大数据对业态涉及的支付、费用、物流等信息进行交叉验证，从而得出反映跨境电商业态发展的全口径统计数据。引入统计调查打破原有行政记录的单一统计资料来源，通过行政记录、平台调查以及资料补充三者相结合的方法，全面统计跨境电商货物或物品的进出口规模，准确测算海关跨境电商通关平台、普通货物（包含进口备货仓和出口海外仓）、邮包、快件等各渠道进出境的规模比例。

为提高海关统计数据的完整性，满足政府部门和社会各界的需要，2017 年开始，海关总署统计司与国家统计局、商务部、国家外汇管理局等陆续开展联合调研，交换数据和信息，研究跨境电商的发展情况。目前已将邮快件、边民互市等数据纳入海关统计，为实现跨境电商海关统计全覆盖、开展跨境电商全业态统计奠定了一定的理论和实践基础。

2. 跨境电商全业态统计的统计范围和统计原则

2019 年，海关总署在总结跨境电商管理平台统计经验和跨境电商全业态统计试点经验的基础上，制订了完善跨境电商统计体系的工作方案。

工作方案确定跨境电商全业态统计的范围是：分属不同关境的贸易（交易）主体通过电子商务平台达成交易，在线生成订单，并实际跨境交付的有形货物，包括通过海关跨境电商进出口统一版信息化系统、邮快件进出口，以及通过按一般贸易、加工贸易等方式办结海关手续后在网上销售的进出口货物。

工作方案提出跨境电商全业态统计应遵循的四项原则。

（1）完整性原则

坚持统筹规划，系统设计跨境电商统计制度，规范统计范围、指标体系、测算方法和发布机制，拓展数据采集来源，涵盖各跨境电商利益相关方，全面反映跨境电商业态发展状况。

（2）真实性原则

科学制订统计调查方案，建立健全多方合作机制和数据质量保障机制，确保数据的真实可靠，提高原始数据的可追溯性，增强统计制度的可操作性和统计数据的权威性。

（3）创新性原则

坚持创新引领，提高海关统计反映新业态和解决新问题的能力。不应局限于传统海关统计方法，综合运用科技和统计调查等手段，不断优化大数据与电商背景下的跨境电商统计方法，完善跨境电商等外贸新业态的统计制度体系。

（4）独立性原则

跨境电商统计是一种新的统计产品，有别于传统的海关贸易统计，是反映跨境电商业态规模和发展状况的单列统计。在统计方法、核算模型和工作机制等方面与传统的货物贸易统计均有明显差异。而且从发展趋势看，随着技术的创新，可贸易对象不断拓展，统计手段不断创新，跨境电商统计范围有可能突破传统货物贸易统计范畴，向服务贸易领域延伸。

（二）跨境电商全业态统计的方法

根据上述思路，跨境电商全业态统计方案，设计指导思想是：以电商平台为主要调查对象，结合海关行政记录和大数据分析手段，整体测算我国跨境电商规模，并进行部分维度的结构化测算，以期多维度全面反映我国跨境电商业态发展状况。具体方案如下：

1. 统计范围

跨境电商全业态统计范围为：分属不同关境的贸易（交易）主体通过电子商务平台达成交易，在线生成订单，并实际跨境交付的有形货物。由此在物流通关渠道上，跨境电商全业态统计覆盖了通过海关跨境电商管理平台、邮快件渠道，以及通过一般贸易、加工贸易等方式办结海关手续后在网上销售的进出口货物。在业态模式上，跨境电商全业态统计覆盖了C2C、B2C、B2B2C等指向消费者的零售模式，以及跨境环节不直接指向消费者的B2B非零售模式（简称2C和2B模式）。

2. 统计资料来源

（1）海关行政记录数据

海关行政记录数据来自海关跨境电商相关作业系统，主要包括通过跨境电商管理平台的海关特定监管方式数据（监管方式包括9610、9710、9810、1210、1239）、邮快件统计数据（监管方式包括8639和8739）、消费品的进出口数据等。

（2）跨境电商统计重点调查数据

重点调查对象主要为跨境电商平台企业。数据调查涉及四类企业：一是第三方平台，二是自建/自营平台，三是电商服务企业，四是电商卖家。前两类为提供跨境电商交易平台的企业；第三类为提供物流、通关等跨境电商服务的企业；第四类为提供商品，在第三方平台销售的企业。跨境电商业态全口径测算整体规模主要使用前两类企业的调查数据，后两类数据作为数据验证和结构化分析使用。其中：

企业样本主要通过商务等主管部门掌握的境内跨境电商平台名单、第三方机构提供的在亚马逊等平台销售商品的主要卖家、通过海关跨境电商特定监管方式进出口的收发货人，以及业界主要的跨境电商物流服务商来确定（标准为年度进出口值在5000万元以上或半年2500万元以上的企业）。

在调查表中，企业除了填报整体跨境电商的进出口规模外（企业将销售额折算为进出口金额填报），还需填报以下分项数据：

①根据海关通关渠道进行区分，需填报经海关跨境电商管理平台进出口的货物总值以及未经海关跨境电商管理平台进出口的货物总值。

②要求企业填报时区分自营进出口和代理进出口。

③对境内外销售数据要求进行直营销售和第三方销售的区分，并填报主要销售平台，以便后续去重。

④分国别、商品和境内地区的结构化数据。

上述调查可根据企业数和测算工作量统筹，每半年进行一次。若条件允许，可以提高调查频度。

（3）部分境外平台公开财报数据

收集亚马逊、eBay、Shopee、Wish等较大规模的境外电商平台的财报数据，获取其GMV、营收等数据，以此测算其跨境电商结算额。根据大多数企业的财报公布频率，可每季度收集到这部分数据。部分境外企业为半年度财报数据。

（4）通过统计调查手段获取的企业的物流费用与平台费用数据

可通过统计调查手段获取跨境电商行业在货物成本、物流费用、平台费用等方面的结构化数据。

（5）第三方提供的境外电商平台的结构化销售数据

通过第三方机构获取亚马逊、Wish等大型电商平台的销售数据，可获得结构化的卖家所在地、商品结构的数据。

（三）跨境电商全业态统计进出口货值测算

跨境电商全业态统计对进口和出口分别测算，每个流向都有 3 个数据来源（见图 5.3）。

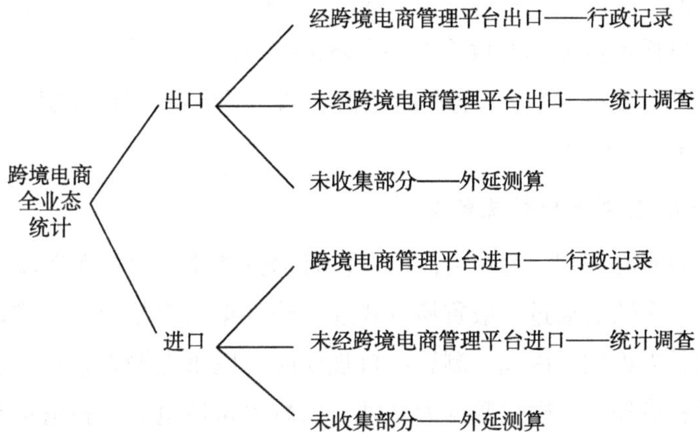

图 5.3　跨境电商全业态统计的数据来源

资料来源：贾怀勤根据相关资料绘制。

1. 跨境电商进口数据测算

（1）测算方法

测算跨境电商进口规模时主要用到以下数据：①海关行政记录数据，即经海关跨境电商管理平台申报的进口数据；②通过调查问卷收集上报未经海关跨境电商管理平台申报的跨境电商数据（包括由第三方平台、自营/自建平台的填报数据，包括邮快件渠道的进口数据）。测算逻辑是：先将海关行政记录数据汇总值 Vi1（即数据①的汇总）、统计调查数据汇总值 Vi2（即数据②的汇总）合并，然后根据调研得出的样本企业覆盖率 Rsi，进行同比例测算，得出跨境电商业态全口径进口总值 Vi。计算公式如下：

$$Vi = \frac{Vi1 + Vi2}{Rsi} \qquad \text{（式 5.1）}$$

（2）结果验证

对于测算结果的验证主要通过以下方法进行：对比主要平台的市场结构；比较海关进出口货物贸易统计和统计调查结果的逻辑关系；比较外汇

管理局的支付数据和统计调查结果的逻辑关系。如：

比对历年头部主要企业（1~2 家）的份额变化（ΔP），如果 | ΔP | ≥ 10％，则需进一步验证数据的可靠性；

比较统计调查所得通过海关跨境电商管理平台的总值和海关进出口贸易统计中的对应数据，它们的差（ΔV1），如果 | ΔV1 | ≥10％，则需进一步通过调整样本覆盖率参数等方式来调整结果；

比较外汇数据（Vf）、消费品数据（Vc）和测算结果的逻辑，理论上应为 Vi≥Vf，Vc≥Vi。

2. 跨境电商出口数据的测算

企业调研时发现，跨境电商出口仅有部分货物通过海关跨境电商管理平台申报，多数是通过一般贸易方式或邮快件渠道申报出口，难以通过报关单数据予以识别。因此，测算出口规模时，以重点调查采集的境内电商平台数据和境外平台财报数据为基础，以海关跨境电商申报清单和邮快件数据为验证。主要数据包括：

（1）境内主要平台出口统计调查数据（Ve1）

根据调查问卷采集的境内主要平台（包括第三方平台和自营/自建平台）的在线销售货物出口值统计，将其直接累加记为 Ve1。

（2）境外主要平台财报等公开数据（Ve2）

以亚马逊、Wish、eBay 和 Shopee 等中国出口卖家较多的电商平台的财报数据为基础，结合电商服务企业的平台管理费率、第三方支付服务费率等业界经营数据（用于将在线交易额折算出口 FOB 价格）以及境外平台中方卖家占比、邮快件电商包裹占比等访谈或不定期调查数据等综合测算得出。

以亚马逊财报数据为例，跨境电商出口数据测算过程如下：

在亚马逊公布的财报中，提供了其网上自营商店（online stores）和第三方服务（third-party seller services）的营收，这里分别记为 So 和 St。

同时，根据支付企业提供的中国卖家在亚马逊平台销售商品需支付给亚马逊的佣金、广告费和仓储等费用，据此测算分别约占商品销售价格的 15％、8％和 3％（2019 年调查数据）等，分别记为 C_1、$C_2 \cdots C_n$，可以测算在亚马逊第三方销售的商品结算额 Ea1，其公式为：

$$Ea1 = \frac{St}{\sum_{t=1}^{n} c_i} \quad \text{（式 5.2）}$$

亚马逊自营部分可直接认为与其销售的结算额基本相等，记为 Ea2。

根据第三方提供的亚马逊卖家所在地信息等数据，将中国商品在亚马逊等境外平台销售约占整体跨境电子商务销售的比例记为 Ra，因此中国商品在亚马逊销售的结算金额 S1′的计算方法为：

$$S1' = (Ea1 + Ea2) \times Ra \quad \text{（式 5.3）}$$

同时，可以通过支付企业和物流企业获得卖家在境外平台销售商品中平台费用、物流与清关费用以及税款和其他费用（C_1、$C_2 \cdots C_m$），扣除这些费用，将结算金额折算为 FOB 价 Sa，计算方法为：

$$S1 = S'_1 \times \left(1 - \sum_{i-1}^{m} c_i\right) \quad \text{（式 5.4）}$$

eBay 等平台的财报中直接公布其电商交易总额（GMV，简记为 G），由于平台公布的 GMV 中包含了买家撤销交易、退货等情况，这就需要对平台财报公布的 GMV 数据进行折算，折算系数（D）依据第三方机构统计的主要平台退货率进行测算，其他算法与亚马逊的计算方法类似。中国商品比例记为 R，平台费用、物流清关费用和税款等比例合计记为 C，中国商品在 eBay 平台销售的 FOB 价（S2）记为：

$$S2 = \frac{G \times D}{(1 - C)} \quad \text{（式 5.5）}$$

将各平台计算的数据（记为 S_1、$S_2 \cdots S_n$）求和，可得中国在境外主要平台销售商品的出口额 Ve2。

$$Ve2 = \sum_{i=1}^{n} s_i \quad \text{（式 5.6）}$$

（3）境内外平台数据整合

合并境内平台的调查数据与境外平台的测算数据，然后根据调研得出的样本企业覆盖率 Rse，进行同比例测算，得出跨境电商业态全口径出口总值 Ve：

$$Ve = \frac{Ve1 + Ve2}{Rse} \quad \text{（式 5.7）}$$

（4）结果验证

测算结果的验证主要通过以下方法进行：测算境内平台和境外平台的份额，与企业访谈反映的份额比较；通过扣抵方式测算普通货物等渠道出口规模占比，与企业访谈反映的占比比较；对比与外汇局数据的逻辑关系。如：

比对历年境内外头部平台的份额变化（ΔP），如果｜ΔP｜≥10%，则需结合调查企业情况调整样本覆盖率等参数；

比较外汇数据（Vf）、消费品数据（Vc）和测算结果的逻辑，理论上应为Vi≥Vf，Vc≥Vi；

比较大货渠道数据：普通货物渠道和2B监管方式（9710和9810监管方式）之和，其历年份额变化（ΔM），如果｜ΔM｜≥10%，则需进一步了解具体情况，或需修正相关参数。

（四）跨境电商全业态统计分类指标的测算

跨境电商全业态统计的具体指标主要包括：贸易伙伴（国别/地区）、商品品类、物流通关渠道、国内地区分布。由于在企业调查时，所需的统计分项指标都是单维度的，无法沿用海关传统统计“超级汇总方式”获得交叉维度的结构化数据。因此，测算跨境电商全业态统计具体指标，是在跨境电商进口或出口总值的基础上，根据各指标维度的调查数据占比计算出各指标维度的具体数值。各具体指标的调查计算方法如下：

1. 贸易伙伴（国别/地区）

（1）进口贸易伙伴（国别/地区）测算

在跨境电商平台调查中，要求企业填报国别的结构化数据。近年来，国家跨境电商进口政策对企业的吸引力较大，进口跨境电商企业的阳光化程度远高于出口，通过统计调查的方式可以覆盖大部分跨境电商平台，未能收集到结构化数据的比重较小。因此，调查获取的数据样本代表性较高，可直接使用。测算思路如下：在调查表内剔除电商卖家和电商服务企业部分，可获得特定国别/地区的结构化样本值Mi′，再根据比例测算可得出进口贸易伙伴（特定国别/地区）的进口值，计算公式如下：

$$Mi = Mi' \times \frac{Vi}{Vi'} \qquad \text{（式 5.8）}$$

其中：V_i 为跨境电商进口测算值；V_i' 为调查表内剔除电商卖家和电商服务企业后的对应全样本总值。

（2）出口贸易伙伴（国别/地区）测算

由于出口调查获取的境内外平台结构化样本差异较大，因此两部分数据的结构化矩阵分开计算，再进行加权相加。

将调查获得的前两类平台的国别结构数据记为 Me1，其涉及金额记为 Ve1′，将调查获取的填报主要平台为境外平台的电商服务企业和电商卖家的结构化数据作为境外平台的国别结构样本，记为 Ve2，汇总金额记为 Ve2′，前面在计算总值过程中已获得了境内样本平台出口值 Ve1 和境外平台样本出口值 Ve2，由此可计算特定国别/地区的出口值 Me。

$$Me = Me1 \times \frac{Ve1}{Ve1'} + Me2 \times \frac{Ve2}{Ve2'} \quad \text{（式 5.9）}$$

2. 商品种类

商品种类的结构数据测算，是在总结电商平台主要商品品类的基础上，将进口和出口商品品类分为消费品和生产资料两大类，并在消费品下再细分 10 个品类，为调查时可照顾企业不同的分类习惯，提供 HS 编码和消费品品类的对应表。具体的结构化数据测算方法与贸易伙伴相同，不再赘述。

进口消费品分为食品生鲜，奶粉，纸尿裤，美容化妆、香水及日化洗护，医药医疗，手机、电脑、数码产品、家用电器及周边产品，家居家纺，服饰鞋包，玩具、婴幼用品和其他 10 类。

出口消费品分为服饰鞋包，手机、电脑、数码产品、家用电器及周边产品，家居家纺，珠宝首饰、钟表、眼镜，玩具、婴幼用品，娱乐运动用品，美容化妆、香水及日化洗护，园艺及各种家装工具，汽车及周边用品和其他 10 类。

上述商品分类遵循商品编码协调制度（HS 规则体系）。因为从跨境电商货物或物品进出境渠道看，对于 B2B 交易的跨境电商货物应根据 HS 规则体系按照进出口货物归类；对于 B2C 或 C2C 交易的跨境电商零售进出口商品虽然可以进行简化归类，但简化归类的基础仍遵循 HS 规则体系；对于邮快件渠道的跨境电商物品在纳统时也应按 HS 规则体系转化。所以，开展跨境电商全业态统计时的商品分类依然是在 HS 规则体系上完成的。

3. 物流通关渠道

目前跨境电商适用的物流通关渠道主要有三类：通过海关跨境电商管理平台进出境，通过邮快件渠道进出境，以及通过一般贸易、市场采购等普通货物渠道进出境部分。

对于物流通关渠道的结构化测算，采用行政记录和总值核减的方式。计算方法如下：在海关行政记录中直接获取通过海关跨境电商管理平台进出境部分的数据，记为M1。邮快件进出境部分（M2）在海关行政记录中主要分布在两个监管方式内：C类快件（监管方式8739）和跨境电商邮快件（监管方式8639，包括了邮包和B类快件）。根据2018年邮快件包裹跨境电商进出口情况调查结论，确定进出境邮快件包裹中，跨境电商进口包裹占比为80%、出口占比为98%。由于海关对进出境邮快件跨境电商进行统计时，对监管方式为8639的邮快件已按上述比例折算，所以仅需对监管方式为8739的C类快件中的跨境电商进出口按比例折算。

通过行政记录获得M1和M2后，剩余部分就是通过普通货物渠道进出境部分M3，直接用总值扣减可得，计跨境电商进口或出口总值为V，那么M3为：

$$M3 = V - M1 - M2 \qquad \text{（式 5.10）}$$

4. 国内地区

国内地区的结构化测算，基本方法与贸易伙伴相同，主要通过调查获得相关结构化数据后计算，此处不做赘述。

（五）大数据方法在跨境电商全业态统计中的应用

仅以调查表为统计资料，存在以下三个方面的不足：

一是通过调查表无法大规模获取统计颗粒度较细的数据，无法下钻至较为细化的国内地区，如地市和县市区。二是对规模较小的省，一定概率会被忽略，无法统计这些省的跨境电商规模，不能满足管理的需要。三是受到调查周期的影响，月度数据的结构化测算还无法实现。

针对出口境外平台的国内地区结构化数据方面，采取通过第三方机构获取亚马逊平台的结构化数据，来部分取代通过调查获取的数据。亚马逊平台要求卖家提供卖家主体的注册信息，包括其国别、地区、地址等，并在店铺信息内公开，可掌握亚马逊上中国卖家的国内地区详细信息，可据此通过大数据分析获得亚马逊上的卖家地区分布结构。

此外，通过对部分支付企业数据的分析，可以获得一个非亚马逊境外平台的支付信息结构化的样本数据，可以取代非亚马逊平台的结构化矩阵。

因此，将分地区测算的数据分为三个部分：境内平台部分数据、亚马逊部分数据和非亚马逊境外平台数据。分别使用调查数据、第三方机构大数据手段获取亚马逊公开数据和支付样本数据，理论上可保证出口跨境电商覆盖面的完整，可以按此分析国内地区的结构化数据。

亚马逊数据在理论上可以按月获取，这使月度实现分地区统计有了实现的可能。具体统计资料的获取为：一是实现境内头部平台的月度结构化数据上报；二是亚马逊月度数据获取结构化数据，支付企业结构化数据半年一次调查，结构化矩阵半年内保持不变，在每月测算月度跨境电商业态全口径规模的基础上，可实现月度分地区数据的测算。

为提高跨境电子商务全业态统计的时效性，海关探索实施统计快报制度，使跨境电子商务统计的编制频度与传统的海关统计更加协同。快报为初步统计，是在上一期调查资料和进出口货物贸易统计的基础上测算出口总值与进口总值，并衍生编制进出口总值及变动幅度。正式统计则以当期调查资料为基础编制，从货物的通关渠道、贸易伙伴、商品类型、国内地区等多维度反映跨境电子商务发展的全貌，有关数据暂不对外公布。

（六）跨境电商全业态统计的方法创新

跨境电商全业态统计依托统计法律法规体系，以平台为主线采集基础统计资料，充分运用大数据和互联网技术，参照国际贸易统计规则，并采取行政记录、统计调查和模型测算相结合的方法，确保了跨境电商统计工作的科学性、可行性、权威性以及宏观延续性。各国在经济统计的成功实践表明，统计调查和大数据相结合，在应对样本繁多、跨界常态化的统计项目时具有不可替代的作用。

1. 以平台为主线进行统计资料的收集以避免重统

跨境电商全业态统计以平台为主线，厘清各方数据与平台关系，避免重复采集。例如，调查数据收集：一是确定企业类型，参与计算的为第三方和自建/自营两类平台，卖家和电商服务企业不参与总值计算，可有效防止重复统计。二是收集财报等补充数据时，也是以平台为单元采集，防止数据重复采集。三是统计调查中，要求平台企业区分是否通过海关跨境电商管理平台通关进行填报，使行政记录与平台的调查数据可以无交叉重叠的相加。

跨境电商全业态统计中采用的支付、物流等数据主要用于系数确定和交叉验证。因此，计算过程中采用相对数值而非直接采用绝对数值参与计算。

2. 企业调查结合境外平台财报数据以避免漏统

跨境电商统计的难点在于无法实现对跨境电商所有参与方和所有环节的全覆盖。跨境电商全业态统计以平台调查为主，辅以收集主要境外平台的财报等数据，以电商卖家和电商服务企业数据进行验证，最大限度避免了数据漏统现象，较好地满足了统计的覆盖面要求。同时，在调查过程中，要求企业填报主要的成交平台，也可及时发现潜在的平台漏统风险。

3. 大数据手段和企业调查方式相结合以保证测算的科学合理

中国卖家在境外平台的占比，跨境电商销售价格中平台费用、物流费用等数据是跨境电商全业态统计中的重要参数，这些数据初期以企业调研、少量抽样结果为主。借助大数据手段，可以有效扩大样本覆盖率，提高测算的可靠性。通过实践，也可验证数据的准确性。例如，跨境电商销售价格中的各类费用组成，前期以数个企业数据来分析，后期与支付企业数据对比后，分解了部分样本企业的费用组成，结果基本吻合，匹配度较好。跨境电商平台的占比，也可以使用亚马逊卖家销售数据做详细分析，用以验证或者直接获得这一数据。

4. 遵循贸易统计规则以 FOB/CIF 统计可确保统计口径一致性

跨境电商进出口货物在整个链条中，其价格认定根据其交易环节不同，会有差异。比如，最终的销售交割应包含商品价值、利润、物流费用、税款、平台费用和其他成本支出等，与进出口申报价格和收汇价格都有区别，跨境电商统计作为外贸新业态统计应当与进出口货物贸易统计的标准保持一致。因此，本方案按照贸易统计的规则，进口采用 CIF 价格，出口采用 FOB 价格，将各渠道的价格统一转换至 CIF 和 FOB 价格，以保证各环节的价格数据可比。

5. 采用自上而下的测算流程以确保统计项目之间的逻辑自洽

本方案采用先测算整体规模，再分维度测算结构化分项规模，这种自上而下的测算模式与国家 GDP 核算方式类似，可保证分项数据与总值的一致性，同时也保证了宏观统计结果的延续性。此外，还能与整体贸易统计数据、消费品进出口数据的比对，保证了与整体进出口规模的宏观可比，以准确反映跨境电商业态发展的实际情况。

6. 借助海关网上调查系统以保证数据收集的可行性与权威性

跨境电商部分企业阳光化意愿不强、实际进出口环节存在大量买单、进出口收发货人数量多、存续时间短等因素，难以用传统人工调查方式直接面向众多电商卖家开展大规模调查，数据收集质量和效率也难以保证。以平台为主要调查对象的调查方案，可有效降低调查工作量和难度。依托海关网上调查系统和海关统计调查队伍，可有效保证电商平台调查工作的正常开展。

（七）跨境电商全业态统计未来展望

跨境电商全口径统计使用了海关申报以外的调查方式和多来源数据测算，虽然能生成几种主要指标的单向分组数据，却不能生成交叉分组数据。此外，它还存在产出时间较为滞后的问题。这都与传统货物贸易统计无法比拟。

总之，海关方面意识到“跨境电商全业态统计的颗粒度、时效性以及国际可比性落后于以行政记录为原始资料编制的海关统计数据”，它“需要平台等相关方提供更多高质量数据”。因此，海关方面在今后的工作中会尽可能弥补这些不足。

跨境电商全业态统计目前仍在创新探索阶段。一方面，跨境电商在新技术、新模式的推动下，业态持续创新发展；另一方面，统计方法和手段也将随着技术进步而不断改善。从发展的视角看，跨境电商全业态统计未来需要进一步改进和完善的重点应包括：一是关注小规模地区业务规模测算。在分地区测算跨境电商业务规模时，或存在规模较小的地区被忽略，这一情况需要通过增加对当地头部企业的调查，防止样本数据过小对地区统计产生较大影响。二是将头部企业变化情况实时纳入统计调查中。三是及时丰富和拓展大数据应用范围及手段。四是不断完善数据校验和核算机制，及时调整校验偏差。五是继续探索有效途径以提高统计的时效性和准确性。六是加强海关、商务、统计、外汇管理等部门的数据共享与协作，构建覆盖面更广的跨境电商全业态统计体系。七是积极开展数据溯源和共享，推动跨境电商国际合作与规则制定，贡献中国智慧与中国方案。八是在可预见的未来，随着技术的发展，货物贸易将伴生越来越多的服务，应及时跟踪技术变化引发的贸易对象变化，将与货物相关的服务贸易及时纳入海关统计体系。

（八）表 5.2 数据解读

表 5.2 中 2015—2019 连续 5 年的跨境电商进出口贸易额，都是跨境电商管理平台的统计数据。还须指出两点：其一，这组数据只涵盖 B2C 数据，因为 B2B 业态——“跨境电商企业对企业直接出口”和“跨境电商出口海外仓”两种监管方式是 2020 年才规定设立的。其二，表 5.2 对指标描述使用了不同的文字，为 2019 年标以“通过跨境电商管理平台的进出口总额”字样，是因为 2018 年 2 月海关总署才将这种监管方式正式称为“跨境电商管理平台”。

2020 年增列“跨境电商企业对企业直接出口”和“跨境电商出口海外仓”两种监管方式后，跨境电商管理平台统计还继续运行，只是对外发布换成了“跨境电商全口径统计”数据。表 5.2 中 2020—2021 年数据标以“全国跨境电商进出口总额”，实际就是全口径统计数据。

表 5.2 中 2019 年和 2020 年的跨境电商规模分别 1862 亿元和 16900 亿元，呈现了“火箭腾空般”增长，是因为两者统计口径不一致，2020 年的口径远宽于上一年。

四、关于海关跨境电商统计开发进程的思考和启示

（一）跨境电商统计在货物贸易统计中的地位和特征

中国海关自开展跨境电商统计以来，形成了既有的货物贸易统计与境

电商管理平台统计和跨境电商全业态统计并存的工作格局。从统计涵盖范畴上说，三者不是并列关系，而是相继包容关系（如图 5.4 所示）。

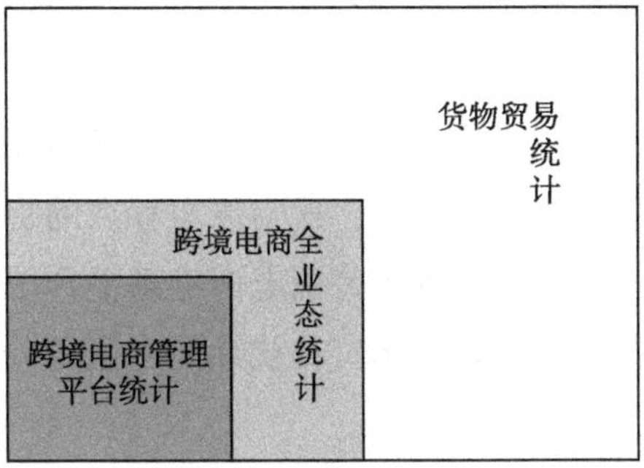

图 5.4 货物贸易统计和跨境电商统计的关系

资料来源：李芊的《中国海关跨境电商统计试点》。

1. 三种贸易统计之间的种属关系

（1）跨境电商统计与货物贸易统计的关系

中国海关对跨境电商统计所下定义是：跨境电子商务是指所有通过互联网等计算机网络数字化达成，由此产生了有形货物的移动，并需要办理海关手续的交易。定义中有三个要素：第一，在线订购，区别于线下订购的传统贸易；第二，交易标的为货物，区别于服务贸易；第三，货物移动跨越关境，办理海关手续。如此看来，跨境电商以第一要素从货物贸易属范畴中划出了一个范畴。因此，跨境电商统计与货物贸易统计是被包容和包容的关系。

（2）跨境电商管理平台统计与跨境电商全业态统计的关系

海关跨境电商管理平台统计是跨境电商全业态统计的有机组成部分，是按照跨境直购等特定监管方式，以报关单及跨境电商清单的海关行政记录为原始资料，通过“超级汇总”方法编制的统计数据，可以直观地反映海关对跨境电商监管的实际情况，为有效实施海关业务管理、反映国家跨境电商零售进出口和 B2B 出口政策效果提供多维度、高频度的统计数据支持。而海关跨境电商全业态统计则聚焦业态发展规模，不限于特定的海关监管方式，不限于特定的进出境通关渠道，也不限于是境内平台成交，还是境外平台成交，只要是满足“订单在线生成”这一条件的跨境货物，均列入统计范围，通过采集行政记录、开展样本企业调查、搜集相关资料等方法综合编制统计数据。

2. 跨境电商管理平台统计与跨境电商全业态统计在方法和功能上的差别

跨境电商管理平台统计实行“清单核放、汇总申报”，归根结底是要通过报关申报单来采集进出口数据，这与原本存在的货物贸易的统计数据采集方式不存在本质性区别。由于跨境电商管理平台统计和货物贸易统计的数据采集方式相同，因此凡货物贸易统计能产生的分组数据，平台统计也能够产生。

而跨境电商全口径统计则在申报之外，采用了其他多种调查方式。与海关跨境电商管理平台统计相比，海关跨境电商全业态统计体现了跨境电商在整个进出口贸易活动中的份额及增长情况，更加符合国务院及有关部门的数据使用需求，能更好地服务于国家跨境电商发展。但是截至目前，这种统计所获取的数据只满足某些商品分类和地域分类的单向分组，其细分功能不能达到跨境电商管理平台统计和货物贸易统计的交叉分组。

（二）海关跨境电商统计开发进程的启示

1. 社会智库对跨境电商的测度对官方跨境电商统计有促进和借鉴作用

与传统贸易的官方统计“数出一门定乾坤”不同，数字贸易和电子商务的测度是社会智库先行探索，有关主管部门或与智库合作发布数据，或受智库促动开展其统计工作。这个局面的大背景是，无论国外，还是国内，业务发展远超前于统计测度，业态的复杂性和迅速变化使得智库与有关部门对测度对象的业务概念与统计口径认识不一且不断深化，所用的数据采集方法和指标核算方法亦不尽相同。

《中国电子商务报告》年度系列的电商规模数据主要是依靠社会智库的调查和测算，其中的跨境电商规模数据在2014年以前也是如此。只是随着海关总署试建立跨境电商统计体系，从2015年才开始引述海关数据。尽管海关总署启动了跨境电商统计，并首先通过《中国电子商务报告》年度系列披露数据，社会智库还在开展跨境电商的测度，并以此为业界提供信息咨询。从测度结果看，由于业务概念差异和指标口径不同，它们测算出来的跨境电商规模远大于海关统计。

社会智库的测算结果在一定意义上对海关跨境电商统计工作的促进作用，使得它不断调整统计范畴，改进和完善统计方法。

2. 货物数字贸易统计内部关系对服务数字贸易统计建设的借鉴作用

海关总署统计部门对货物贸易统计、跨境电商平台统计和跨境电商全业态统计三者之间关系的处理，可以为商务主管部门开发数字贸易统计制度所借鉴，具体在三者间涵盖范畴的关系定位和三者统计指标的包容。

3. 海关跨境电商统计与世贸“数字订购贸易”测度的关系

世贸组织、经合组织和国际货币基金组织2020年3月发布的《数字贸易测度手册》提出要对“数字交付贸易”“数字订购贸易”以及“数字中介平台服务”开展测度。这里的“数字订购贸易”，既涵盖通过数字方式达成的货物贸易交易，也涵盖通过数字方式达成的服务贸易交易，与上述两手册的电子商务涵盖范畴一致。“数字中介平台服务”则是专门测度跨境电商中介平台所提供的服务价值。

第六章

数字贸易统计制度的研究设计

本书导言和第三章都提到，数字贸易测度/统计研究可以分为近期和中远期两阶段：近期以 BOP 的 12 大类服务贸易为出发点，通过对样本企业开展融合比调查，以快捷方式获取数字贸易进出口数据；中远期可以考虑建立系统全面的统计制度，包括全新的数字贸易指标体系和数据采集流程。从 2019 年到 2021 年，工信安研中心等几家机构的研究，属于近期要做的事。随着 2021 年 6 月国家统计局发布《数字经济及其核心产业统计分类（2021）》（简称数字经济分类），各方开始考虑或着手启动数字贸易统计的中远期研究。

贾怀勤（2021）[①] 基于“数字贸易是数字经济（有形和无形）产品的跨境流通活动”的认识，在将数字经济分类与 BOP 服贸和 HMDT 进行对照后发现：HMDT 界定的数字贸易可以在数字经济分类的第二大类“数字产品服务业”、第三大类“数字技术应用业”和第四大类“数字要素驱动业”里找到对应的经济活动。具体对应关系表述如下：

有形产品的生产和流通是分离的，第一大类“数字产品制造业”的生产活动，不属于贸易。

无形产品的生产和提供一般是不可分的，第二大类“数字产品服务业”，是数字硬件产品流通的服务活动，如果在常驻单位和非常驻单位之间发生，属于国际贸易。其中的第一中类“数字产品批发”、第二中类“数字产品零售”和第三中类“数字产品租赁”（指融资性租赁），属于货物贸易，这当中采用数字订购的，属于（含平台服务的）数字-货贸。第四中类“数字产品维修”和第五中类“其他数字产品服务业”，属于服务贸易，如果是数字交付的，属于数字贸易。

第三大类“数字技术应用业”全部是数字可交付服务，只要服务发生在常驻单位和非常驻单位之间，就属于数字贸易，对应于服务贸易第 9 类“电信、计算机和信息服务”。

第四大类“数字要素驱动业”（第二中类“互联网批发零售”和第四

① 贾怀勤. 数字经济分类与数字贸易的对应［J］. 中国统计，2021（8）.

中类“信息基础设施建设”除外）全部是数字可交付服务，只要服务发生在常驻单位和非常驻单位之间，就属于数字贸易。但是对应关系较为复杂：

第一中类“互联网平台”和第三中类“互联网金融”与手册的“第三方平台的贸易服务”相对应。

第二中类“互联网批发零售”，其本身行为是货物-跨境电商，与手册的“数字订购”相对应。

第四中类“数字内容与媒体”，一般说来可以与服务贸易的第 11 类“个人、文化和娱乐服务”相对应。

第六中类“数字资源与产权交易”，与服务贸易第 8 类“别处未包括的知识产权使用费”相对应。

第七中类“其他数字要素驱动业”，可以细分：如其中的“供应链管理跨境服务”对应于数字贸易第 10 类“其他商业服务”；“安全监控和技术研发”对应于数字贸易第 9 类“电信、计算机和信息服务”。

贾怀勤认为，以上对应关系可以成为中远期数字贸易统计制度研究的起点。

许晓娟、贾怀勤（2021）[①] 还指出，数字经济产业分类是从生产角度对具有生产经营决策权的基层单位进行的分类，数字经济所提供的产品与数字贸易产品分类有重叠，但并不完全重合，因为数字产业分类之外还存在满足数字提交特性的产品。不仅如此，由于服务贸易存在四种提供模式，数字贸易并不以跨境为特征，特别是按照所有权，交易者可以处于不同或相同的经济体，数字经济产业分类提供了交易者的分类，圈出了数字贸易的主角，而数字贸易强调交易方式，其覆盖的交易者范围更宽。建立数字贸易的产品分类任重道远，数字经济产业分类只是其中迈出的一小步。

鼎韬（2022）[②] 设想依托数字经济统计分类标准构建起数字经济卫星账户。以数字贸易分类体系为标准，数字经济统计分类进行匹配对接，筛选出符合数字贸易分类体系的产业类别，从而在数字经济统计分类中明确

① 许晓娟，贾怀勤．谈谈数字经济产业与数字贸易产品分类的对应关系［J］．对外经贸统计，2021（4）．

② 齐允中．数字贸易测度的三个可行路径研究［J］．对外经贸统计，2022（5）．

数字贸易统计的产业范围。利用现有国民经济统计体系获得数字贸易相关产业的数据，再利用企业收付汇数据或者外管局外汇数据将其中贸易部分剥离，从而获得数字贸易数据。同时，开展针对跨境交付和商业存在两种贸易模式的数字贸易统计（自然人移动和跨境消费两种模式暂不纳入统计范围）。

商务部服贸司委托中国信息通信研究院（简称中国信通院）规划所对构建数字贸易统计体系开展研究。承担专项课题的研究团队提交的研究报告于 2022 年 11 月获得通过。由于该项研究突出了与数字经济统计分类对接，本章集中介绍该项研究成果，并给出相应的思考。

一、中国信通院规划所研究团队关于数字贸易的界定和统计指标体系设计

（一）研究思路

中国信通院规划所研究团队指出，在数字贸易测度/统计上存有两种基本思路：一是根植于原有服务贸易统计体系，以原跨境服务贸易的 12 大类为内核，提取属于数字贸易的部分；二是打破原有服务贸易的统计分类，建立一套适合数字化作用的统计方式。该研究团队认为，第一种思路无法及时跟踪数字化新特点，因此需要根据第二种思路，“搭建适合我国数字贸易发展特点的统计框架和指标体系”。

遵循该统计路径，该研究团队通过明晰数字贸易概念及分类方法，吸纳国内外数字贸易相关统计制度和方法经验，从数字贸易化和贸易数字化两个维度，分五大模块构建了我国数字贸易统计体系，形成了三级分类目录及对应指标说明，以及统计数据来源和应用方式建议，并积极与数字经济统计分类体系及 OECD 等发布的《数字贸易测度手册》对接，在此基础上，研提统计监测试点方案，检验数字贸易统计分类、统计指标、统计方法的可操作性、合理性和有效性。

（二）关于数字贸易的界定和统计指标体系设计

中国信通院规划所研究团队将数字贸易界定为以数据为生产要素，数字技术在贸易过程中发挥关键作用的贸易形态。在多数语境下，将贸易视

同于国际贸易进行理解。

该研究团队借鉴数字经济统计分类思路，结合国际贸易统计特点和实际，从数字贸易化和贸易数字化两个维度，涵盖服务贸易和货物贸易，结合数字技术在贸易活动中的应用方式和应用程度，将数字贸易活动分成数字贸易化和贸易数字化两大类。前者指以数字化的产品或服务作为贸易对象的活动，即以数据形式存在或可以远程线上交付的要素、产品、服务等，对应《数字贸易测度手册》中的数字交付贸易，包括数字产品贸易、数字化服务贸易、数字技术贸易和数据贸易 4 个大类；后者即数字技术与国际贸易开展过程深度融合，带来的宣传营销、磋商对接、订购下单、交付结算、售后服务等方面的变化，从而促进贸易效率的提升，与《数字贸易测度手册》中的数字订购贸易存在一定对应关系。

这个分类体系体现了“认窄识宽”的思路，重点聚焦数字服务贸易，兼顾数字货物贸易，按照分模块推进的路径，前期适当扩展数字贸易界定的外延，从核心的数字贸易活动，再拓展到基于数字技术促进效率提升的贸易活动，分为五大类进行观测（见表 6.1）。

表 6.1　数字贸易统计体系基本分类

数字属性	数字贸易大类	数字贸易中类
数字贸易化	01 数字产品贸易	0101 数字资讯　0102 数字动漫　0103 数字视频 0104 数字音乐　0105 数字出版　0106 其他数字产品
	02 数字化服务贸易	0201 数字保险服务　0202 数字金融服务 0203 数字教育服务　0204 数字医疗服务 0205 数字文娱服务　0206 数字媒体服务 0207 数字商务服务　0208 数字化平台服务 0209 其他数字化服务
	03 数字技术贸易	0301 软件开发服务 0302 电信、广播电视和卫星传输服务 0303 互联网相关服务 0304 信息技术服务 0305 其他数字技术服务
	04 数据贸易	0401 数据资源与产权交易 0402 数据衍生产品和服务

续表

数字属性	数字贸易大类	数字贸易中类
贸易 数字化	05 数字化 效率提升贸易	0501 数字化效率提升服务贸易 其中：通过数字中介平台交易 0502 数字化效率提升货物贸易 其中：通过数字中介平台交易

资料来源：中国信通院规划所研究团队。

（三）关于数字贸易各大类和中类指标含义的解释

1. 数字产品贸易

数字产品是指以数字格式承载信息内容并可以通过信息网络传输的产品。以数字产品为交易对象的贸易活动是数字贸易化的体现，包括数字资讯、数字动漫、数字视频、数字音乐、数字出版、其他数字产品。其中：

数字资讯指通过互联网提供网上新闻、网上新媒体等信息内容产品的活动。

数字动漫指通过互联网提供网络动漫等数字内容产品的活动。

数字视频指通过互联网提供线上视频等数字内容产品的活动。

数字音乐指通过互联网提供线上音乐等数字内容产品的活动。

数字出版指各类数字出版物，以及通过网络传播数字内容产品的出版活动。

其他数字产品指其他未列明的、以结果形态向用户呈现的数字化内容商品。

2. 数字化服务贸易

数字化服务贸易指服务内容以数字化形式呈现，可以通过线上跨境远程交付的服务，包括数字保险服务、数字金融服务、数字教育服务、数字医疗服务、数字文娱服务、数字媒体服务、数字商务服务、数字化平台服务、其他数字化服务。其中：

数字保险服务指依托互联网订立保险合同、提供保险服务的保险经营活动，主要包括互联网保险。

数字金融服务指借助数字化技术和互联网提供的金融服务，包括互联网金融、银行金融服务、数字资本市场服务、其他数字金融服务。

数字教育服务指利用数字化技术和信息化平台进行跨境教育内容传播和快速学习的活动，包括数字教育培训服务和评测、交流、教育科技等相关服务。

数字医疗服务指利用数字化技术和信息化平台开展的医学检查检验影像，以及在线诊疗、远程医疗等服务活动，包括数字医疗健康服务及智慧健康技术、健康知识普及等相关服务。

数字文娱服务指充分渗透数字化技术的文化和娱乐活动，包括数字文化、数字体育和数字游戏。

数字媒体服务指利用信息化、数字化技术开展的创作、出版、发行、分发影视音的媒体类服务，包括广播、电视、广播电视集成播控、影视节目制作、电影和广播电视节目发行、电影放映、录音制作和数字直播。

数字商务服务指利用信息化、数字化技术开展的数字化商务服务，包括数字广告、在线管理咨询和调查服务、数字会展、数字化供应链管理服务、数字技术研究和试验发展、互联网居民生活服务、互联网房地产业、数字化社会工作、其他数字化商务服务等。

数字化平台服务指通过数字化平台赋能贸易活动，为交易各方提供交易产品展示、磋商、订购、支付，甚至交付或在线使用（消费）等功能的平台服务，依据服务内容的不同，可分为网络销售类平台、生活服务类平台、信息资讯类平台、金融服务类平台、计算应用类平台、其他互联网平台。通常平台服务收入仅包括平台服务费收入、广告收入等中介服务收入，不包括基于平台促成交易的商品交易额。

其他数字化服务指其他未列明的数字化服务，包括建筑、运输、旅行、加工、维护和维修等服务中可能存在的数字交付形态，如云旅游、电子导览、远程运维等。

3. 数字技术贸易

数字技术贸易指与数字化应用相关技术服务的贸易活动，数字技术是数字应用的基础和核心，以信息与通信技术为主，包括软件开发服务，电信、广播电视和卫星传输服务，互联网相关服务，信息技术服务，其他数字技术服务。其中：

软件开发服务指根据用户要求建造出软件系统或者系统中的软件部分

的过程，包括基础软件开发、支撑软件开发、应用软件开发以及其他软件开发等。

电信、广播电视和卫星传输服务指通过电话、电传、电报、无线广播、电视线缆、卫星、电子邮件、传真等广播或传送音频、图像、数据或其他信息，包括电信服务、广播电视传输服务、卫星传输服务等。

互联网相关服务指除基础电信运营商外，通过互联网提供的相关网络技术服务支持，包括互联网接入及相关服务、互联网安全服务、互联网搜索服务和其他互联网相关服务，不包括通过互联网提供的网络视频、音乐、游戏等数字内容服务，以及网络支付服务和数据处理服务。

信息技术服务指通过促进信息技术系统效能的发挥，来帮助用户实现自身目标的服务，包括集成电路设计、信息系统集成服务、物联网技术服务、运行维护服务、信息处理和存储支持服务、信息技术咨询服务、地理遥感信息及测绘地理信息服务，以及云服务、大数据、区块链、人工智能、工业互联网、数字孪生等其他信息技术服务。

其他数字技术服务指其他上述未列明的信息技术服务业，如电信呼叫服务、电话信息服务、计算机使用服务等。

4. 数据贸易

数据服务指以数据为直接交易内容，或以数据和信息作为作用对象的加工、处理等相关服务，包括数据资源与产权交易、数据衍生产品和服务等。其中：

数据资源与产权交易指对数据资源与数字产权的交易活动，以及相关的数据经纪活动，包括数据资源与产权交易、数据交易中介服务等。

数据衍生产品和服务指基于对数据进行加工处理形成的增值产品和服务，包括数据衍生产品、数据处理服务、数据咨询服务等。

5. 数字化效率提升贸易

数字化效率提升贸易主要分为数字化效率提升服务贸易和数字化效率提升货物贸易两类。其中：

数字化效率提升服务贸易指服务内容仍以线下交付为主，但通过数字技术在服务内容制作、营销、订购、交付等环节的运用，有效赋能带动贸易效率和质量提升的服务，包括数字运输、数字旅行、数字建筑、数字维护和维修服务、数字加工服务等，例如智能分拣、装卸、配送促进国际物流效率提升等；

数字化效率提升货物贸易指传统的货物进出口活动借助数字化技术，在外贸产品订购过程中提高了产品展示、营销、磋商、对接和支付效率的相关活动，以货物类跨境贸易电子商务为主，含跨境电商 B2B 直接出口、保税电商、跨境电商出口海外仓等细类。该部分贸易额是基于数字订购达成的交易额，而非数字订购增加值，订购平台的服务价值体现在数字化平台服务部分。

以上关于货物贸易的数字化效率提升和服务贸易的效率化提升纳统范畴最大区别在于前者不包括生产环节，而后者包括。这是因为货物的生产需要在产品交付前完成，通常将货物的生产制造视为货物贸易的上游环节，不纳入贸易统计范畴。而服务的制作生成和交付通常同时进行且不可分割，因此观测数字技术在服务贸易领域的作用应涵盖生产环节。

该研究团队还从 7 个维度进一步对“数字贸易统计分类及指标说明”做出具化延伸解释，包括数字属性、数字贸易大类、数字贸易中类、数字贸易小类相关业态及说明，对应贸易统计分类（涉外收支交易分类与代码/海关商品编码）与数字经济统计分类。

（四）关于避免指标交叉和数据重统的说明

第一，以数据为主要形式呈现的贸易活动，直接以数据作为交换对象或服务对象的活动，以及以数据为加工对象的信息技术处理服务，纳入数据贸易范畴统计；以数据作为载体呈现其他内容知识服务，纳入数字产品贸易范畴统计。

第二，通过数字平台促成的贸易活动，通过平台交易的商品，商品自身的价值（即交易额）不纳入数字化平台服务统计；数字化平台服务仅包括平台服务费收入、广告收入等中介服务收入。

第三，已单独设置大类进行统计的服务贸易，包括单独设置类型的数字产品服务、数字技术服务、数据服务等，不再计入数字化服务贸易统计范畴。数字化服务贸易主要包括数字保险、数字金融、远程医疗、远程教育、数字化商务服务等其他具有可数字交付特征的服务。

第四，数字化效率提升服务贸易中存在可数字交付的贸易活动且可剥离统计的，纳入其他数字化服务贸易统计范畴，如远程运维、云旅游、电子导览、在线票务预订等。数字化服务贸易仍以线下交付为主且可剥离统计的服务，纳入数字化效率提升服务贸易统计范畴，如线下教育、线下医疗等。

二、中国信通院规划所研究团队关于数字贸易统计制度的数据来源和调查方式设计

（一）数据来源概况

基于上述数字贸易统计分类体系开展数据统计，需要国际贸易进出口数据、数字经济相关行业领域统计数据和重点数字贸易企业定期报送数据等三类数据支撑。不同类型数据的数据来源和数据特点不同。

1. 国际贸易进出口数据

国际贸易进出口数据主要有两个大类、三方面来源，需结合不同来源渠道的数据特点采用不同的转换使用方式。

（1）服务贸易数据来源

一是国家外汇管理局的国际收支统计经常项目贸易分项服务子项数据。根据《涉外收支交易分类与代码》统计的国际收支数据，涉及服务贸易 12 大类 61 个小类的 6 位数代码数据，分类相对详尽，但无法完整反映贸易活动情况。

二是商务部的服务贸易进出口数据。这是为弥补国家外汇管理局国际收支服务数据不能完整反映服务进出口业务规模，由商务部服贸司在其基础上使用“服务贸易重点监测企业直报系统”数据和抽样调查、重点调查、典型调查方法，经过综合测算获得的数据。该研究团队认为可以将这套数据作为数字贸易统计的重要基础数据。但是它服务类别细分程度相对不足，建议在企业直报系统中增加相关数字服务的统计指标项。此外，商务部服贸司还有“软件出口和服务外包统计”“技术进出口信息管理”“文化贸易统计”等多个统计项目，所采集的业务数据也可以用于数字贸易统计数据的综合测算。

（2）货物贸易数据来源

海关总署统计的货物-跨境电商数据，可以作为货物类数字贸易统计

的重要来源。

2. 数字经济相关行业领域统计数据

数字经济相关行业领域统计有两方面来源：一是国家统计局开展的数字经济及其核心产业统计，二是数字经济相关行业管理部门或组织的行业统计。

（1）国家统计局的统计数据

例如，依据《国民经济行业分类（2017）》统计的“6429 互联网其他信息服务”“6579 文化宣传领域数字内容服务”等；依据《数字经济及其核心产业统计分类（2021）》统计的“02 数字产品服务业”“03 数字技术应用业”“04 数据要素驱动业”等。

（2）数字经济相关部门的行业统计

例如，工业和信息化部依据《软件和信息技术服务业统计调查制度》和《信息通信业统计调查制度》开展的软件和信息技术服务业运行数据统计和国际互联网带宽与流量数据监测；银保监局依据《互联网保险业务监管办法》开展的互联网保险业务统计；教育部依据《教育培训及相关产业统计分类（2020）》开展的互联网教育培训产业统计；国家卫健委依据《健康产业统计分类（2019）》开展的互联网医疗、智慧健康技术服务统计；国家体育总局依据《体育产业统计分类（2019）》开展的互联网体育服务统计；国家市场监管总局依据《广告业统计调查制度》开展的互联网广告服务统计；文化和旅游部依据《国家旅游及相关产业统计分类（2018）》开展的旅游电子平台服务统计；等等。

根据上列这些统计制度所采集的数据，可以作为数字贸易统计的重要参考，其中涉及的面向境外主体或面向海外市场销售的统计数据，可以作为对应数字贸易业态统计数据的重要来源。但是多数数字经济行业统计缺乏境外服务的专门统计指标项，该研究团队建议在这些统计制度上增加数字经济相关业态“境外服务”的指标项。

3. 重点数字贸易企业定期报送数据

众多数字贸易企业尤其是平台型企业亦掌握了大量的业务数据，甚至掌握与其关联的整个产业生态的数据。对于目前相关贸易统计和产业统计暂未涉及，或数据质量较低、界定范围不符的数字贸易类别，可以通过建立数字贸易重点企业库，指导企业定期报送数字贸易相关业务数据。

（二）多来源数据的综合利用

对上面所述的各种来源的数据综合使用，包括比对、鉴别和推算等，能够产生所设定的统计指标数据，对每一个指标，该研究团队都对“数据来源及依据”栏和“数据使用方式”进行了文字说明，编写了“数字贸易具体分类对应数据来源及使用方式建议”表。本书摘举几例如下：

指标举例一：数字视频统计数据。

该表“数据来源及依据”栏的说明文字是“①国家外汇管理局依据《涉外收支交易分类与代码》提供的‘229010 视听和相关服务’收支数据；②商务部定期发布的视听服务进出口数据，以及信息服务、文娱服务中可提取的细项相关数据；③国家统计局依据《数字经济及其核心产业统计分类（2021）》以及《国民经济行业分类（2017）》统计的‘6429 互联网其他信息服务’，含‘网上视频服务’）；④国家广播电视总局依据《广播电视行业统计管理规定》《广播电视和网络视听统计调查制度》统计的对外广播电视宣传、节目与服务出口、电视节目进口、互联网视频节目、互联网音频节目、网络视听节目服务收入等数据”。

“数据使用方式”栏的说明文字是“将服务贸易‘视听和相关服务’统计数据直接纳入，结合对应统计制度或结合国家统计局和国家广播电视总局对应统计制度，提取其中面向境外主体，或面向境外销售的数字视频相关业务数据进行汇总。若缺失，建议后续通过增加‘境外服务’指标项予以完善”。

指标举例二：数字文化服务统计数据。

该表“数据来源及依据”栏的说明文字是“①国家统计局依据《国民经济行业分类（2017）》统计的 6579、8810、8831、8850 中的细项数据，包括 6579 中‘文化宣传领域数字内容服务’，8810 中‘数字创意文艺创作与表演’，8831 中‘网络图书馆、数字图书馆’，8850 中‘数字创意博物馆’等相关数据。②文化和旅游部依据《文化和旅游统计管理办法》《全国文化文物和旅游统计调查制度》统计的对外文化交流，海外文化中心，文化机构国外艺术演出、线上展览，公共图书馆线上服务人次、数字资源购置费等”。

“数据使用方式”栏的说明文字是“结合国家统计局和文化和旅游部对应统计制度，提取其中面向境外主体，或面向境外销售的数字文化相关业务数据进行汇总。若缺失，建议后续通过增加‘境外服务’指标项予以完善”。

指标举例三：数字化平台服务统计数据。

该表“数字化平台服务统计数据”栏的说明文字是“①国家市场监督管理总局基于《互联网平台分类分级指南》掌握的网络销售类平台、生活服务类平台、社交娱乐类平台、信息资讯类平台、金融服务类平台、计算应用类平台等平台服务的监测数据；②国家统计局依据《数字经济核心产业统计分类》统计的‘040102 互联网生活服务平台’‘040101 互联网生产服务平台’‘040105 其他互联网平台’相关数据；③重点互联网平台企业定期报送的业务数据”。

“数据使用方式”栏的说明文字是“①结合国家市场监督管理总局和国家统计局对应统计制度，提取其中面向境外主体，或面向境外提供服务的数字化平台服务相关业务数据进行汇总。若缺失，建议后续通过增加‘境外服务’指标项予以完善；②行业主管部门指导数字化平台服务企业定期报送跨境业务相关数据”。

（三）数据处理过程中可能存在的难点

该研究团队利用相关来源数据开展数字贸易统计过程中可能存在的难点和障碍进行了预分析。

第一，在数据质量方面。外部来源数据的统计对象、统计方式、格式规范未知，部分统计的数据类型细分程度不足，部分统计基于重点企业直报获得，非全口径数据，数据可用性待对接确认。

第二，在数据口径方面。不同部门不同统计制度各成体系，相应统计项的内涵和统计范畴存在一定差异，难以转化成统一口径，交织使用面临较大挑战。

第三，在线上线下划分方面。对外贸易相关统计难以区分线上和线下部分，多数“可数字化交付服务”的贸易类型，无法直接判断其中的实际数字化交付比例。

第四，在进出口统计方面。数字经济相关的行业统计，多数仅统计国内数字业态发展情况，未设置“境外服务”“境外销售”等相关指标项，难以直接区分境内/境外部分。进口服务部分，难以针对境外机构展开直接调查。

第五，在地域统计方面。难以结合既有数据开展地域维度的统计分析，国内不同地区各数字贸易板块的发展情况，以及与境外不同地区和国家的数字贸易进出口情况难以掌握。

总体来看，破解上述难点，获取数字贸易各细分类型的统计数据主要有两条路径：一是强化各部门间的统计数据共享，对现有统计制度进行改造，通过在数字经济统计相关报表中增加“境外服务”指标项，或在国际贸易统计相关报表中增加“线上服务”或相关数字化应用的指标项，以分别获取各细分类型的具体统计数据。该路径需要建立各部门间顺畅的数据对接、共享机制，加强与相关统计部门、行业主管部门的配合，以推进对应统计制度的衔接、修订工作。二是建立数字贸易的专门统计报表制度，形成数字贸易重点监测企业库，由各省市管理部门指导本地区相关企业按照专门的数字贸易统计分类体系和界定的范畴，定期开展填报工作，形成直采、直报的统计机制。这样，既有利于统计口径的一致性、数据填报的规范性和数据质量的稳定性，也有利于后续开展地域维度、具体板块的分析。但建立专门的统计报表制度，制度执行成本较高，后续制度宣贯、培训和落地需要较长期限。

三、在数字贸易测度方法创新和实务探索进程中认识中国信通院研究团队研究报告

“数字贸易统计体系构建研究”报告，是中国信通院研究团队对该统计体系设计取得的重要成果。本部分提出的认识，可以为他们进一步的后续深入研究提供参考意见。

贾怀勤将数字贸易测度/统计研究进程划分为近期和中远期两阶段，近期几乎不触动现有经济和贸易统计体系，通过“融合比法”快捷地获取关于全国层面数字贸易规模的数据，满足主管部门和有关方面对此领域数据的需求。展望中远期，随着国内制定数字经济统计分类和筹备编制数字经济供给—使用表和国际组织对《数字贸易测度手册》和《国际服务贸易

统计手册》的新一轮修订，可以启动数字贸易统计的系统性研究，推动主管机关相关统计制度的建设。本书对中国信通院研究团队报告的评论，一方面要联系中远期展望研究要解决的一些问题，另一方面也得顾及目前经济和贸易统计工作的现有状况。

中国信通院研究团队报告按数字贸易化和贸易数字化两大模块，对应数字经济统计分类，设计数字贸易统计指标体系，将数字贸易化模块作为设计重点，这相对于以 BOP 服务贸易分类为基础数据来源，以“融合比法”为基本思路的数字贸易测度方法是一个超越，可以有效地改变其对数字核心贸易分类不细和有可能漏统的不足。实施报告设计的统计制度所获取的数据，有助于充分认识数字产品贸易、数字化服务贸易、数字技术贸易和数据贸易等在整个数字贸易中的地位和作用，从而对数字贸易化进行更为有针对性的业务指导和政策扶持。而数字贸易测度数据不能起到这样的重要作用。

关于如何实现对上述指标体系原始数据的采集，中国信通院研究团队报告也有较为深入和全面的考虑，而且还对这个过程中的难点和障碍给予充分的重视。这些都是我们进一步认识问题的出发点。

（一）关于难点和障碍的联想

1. 数字贸易统计制度需要相关多个部门统计制度的联动

在评价工信安研中心试测度结果时，我们曾指出“两化融合平台”数据的“两个不分”（货物和服务分不开，境内交易与境外交易分不开）造成其测算基于两条假定前提，从而导致测度结果的局限性。在这个统计体系设计中，也面临着略有不同的“两个不分”：难以区分交易是在线上还是线下，难以区分交易者是全在境内还是一内一外。前一个“不分”是针对国际贸易数据来源的，要求商务部在统计报表中写进线上交易的有关问项，相对而言这个尚不难。

后一个“不分”是针对数字经济相关行业统计调查的，要求多个有关部门在其统计制度中写进与境外发生服务交易的有关问项。研究报告表 3 按大类—中类—小类设置，小类以下再设“采集数据类型”。该表共设 81 个“采集数据类型”，有同样数目的“数据使用方式”与之对应，其中有

51 个“数据使用方式”栏内文字写有“若缺失，建议后续通过增加‘境外服务’指标项予以完善”字样。如此之多的统计调查都要“通过增加‘境外服务’指标项予以完善”，需要相关部门的积极配合，所有相关统计制度修改补充并落实，需要花费数年时间。

2. 多来源数据的使用问题

中国信通院研究团队已经认识到，相同文字所表述的指标，由于不同部门不同统计制度各成体系，其内涵和统计范畴也可能存在一定差异，即便各种来源的数据都能够获得，如何将不同口径的数据综合在一起使用，得到符合数字贸易统计制度所要求的数据，也是一个不小的挑战。

仅以报告表 3 的“服务贸易中的视频服务进出口数据”为例，涉及以下 4 方面的数据来源：①国家外汇管理局依据《涉外收支交易分类与代码》提供的“229010 视听和相关服务”收支数据；②商务部定期发布的视听服务进出口数据，以及信息服务、文娱服务中可提取的细项相关数据；③国家统计局依据《数字经济及其核心产业统计分类（2021)》以及《国民经济行业分类（2017)》统计的“6429 互联网其他信息服务”（含“网上视频服务”)；④国家广播电视总局依据《广播电视行业统计管理规定》《广播电视和网络视听统计调查制度》统计的对外广播电视宣传、节目与服务出口、电视节目进口、互联网视频节目、互联网音频节目、网络视听节目服务收入等数据。

表 3 所列数十个统计小类及其采集数据类型差不多都面临中国信通院研究团队所谓的多来源数据的“交织使用”问题。

3. 贸易数据地理细分问题仍有待解决

地理细分对外指区分贸易伙伴国（地区)，对内指区分贸易出（进）口方所在的省（自治区、直辖市)。货物贸易统计不但有分商品的内涵机制，也有分内外地理分布的内涵机制；服务贸易统计在这方面也能满足数据使用者的需要，虽然它与货物贸易统计相比有所逊色。

前文已指出数字贸易测度数据存在着不能细分贸易地理走向的缺陷。中国信通院研究团队的初步设计方案，也未能解决这个问题。根据木桶短板原理，木桶的盛水量取决于最短的那块板。只要有一个分类指标不能做地理细分，整个数据集就无法提供按地理细分的数据。所幸中国信通院研究团队已经认识到“部分统计的数据类型细分程度不足”，解决这方面问题就可期。

（二）建议数字贸易统计与服务贸易统计双向沟通

服务贸易统计职能和拟议中的数字贸易统计职能统归商务部服贸司。中国信通院研究团队报告中也把服务贸易统计作为数字贸易统计的主要数据来源，这意味着服务贸易统计数据单向输送给数字贸易统计。我们认为还可以考虑形成数字贸易统计数据反向输送给服贸统计。

2019 年，贾怀勤“融合比法”试测度的建议，本来是向商务部服贸司提出的。据悉，服贸司在其“重点联系企业直报系统”调查表中也加入了“在线销售/购进金额”的问题。后来，服贸司没有提到“融合比法”试测度而启动数字贸易统计项目研究，或许出于以下两方面考虑：一是对重点联系企业“在线销售/购进金额”的调查结果不足以支撑融合比的测算，二是“融合比法”的测度结果不能体现对数字贸易化所实现贸易规模的刻画。为此，建议从两方面改进服务贸易调查：一是修订和增列对 12 类服务的数字交付和数字订购的调查问题，二是加强和改善从企业获取有关数据的途径和手段。

先探讨第一个方面，如表 6.2 所示，左栏列出 12 个服务品类，使用 BOP 开头加 2 位数阿拉伯数字表述该类服务在 BOP 分类的大类序号，在每个大类之下设其中通过数字交付或订购的交易，用 BOP 开头加 4 位数阿拉伯数字为其代码。这样的数字交付或订购的交易，都可以在中国信通院研究团队设计的数字贸易指标体系中找到对应的指标，在这里冠以 DTS 标记。具体看左栏 BOP06—BOP11 都可以析出至少 1 项数字交付交易。这当中的 BOP1103 商务视频会议（收费）、BOP1106 数字教育、BOP1107 数字医疗和 BOP1108 数字文娱，都是数字技术新产品对旅行产品的替代。左栏 BOP01—BOP05 都可以析出数字订购交易，它们在中国信通院研究团队的指标体系中都属于“数字化效率提升服务贸易”。在服务贸易之外，附列以货贸-电子商务对应中国信通院研究团队指标体系的“数字化效率提升货物贸易”。

表 6.2 服务贸易数字交付/订购交易品类与数字贸易统计指标的对应

知识密集型服务（数字可交付服务） 其中：数字实际交付服务	与左列对应的数字贸易指标
BOP06 保险和养老金服务 其中：BOP0601 数字交付	 DTS0201 数字保险服务
BOP07 金融服务 其中：BOP0701 数字交付	 DTS0202 数字金融服务
BOP08 知识产权使用费 其中：BOP0801 数据资源与产权交易 BOP0802 数据衍生产品和服务	 DTS0401 数据资源与产权交易 DTS0402 数据衍生产品和服务
BOP09 电信、计算机和信息服务 其中：BOP0901 电信、广播电视和卫星传输服务 BOP0902 互联网相关服务 BOP0903 信息技术服务 BOP0904 其他电信、计算机和信息服务	 DTS0302 电信、广播电视和卫星传输服务 DTS0303 互联网相关服务 DTS0304 信息技术服务 DTS0305 其他数字技术服务
BOP10 其他商业服务 其中：BOP1001 数字商务服务 BOP1002 数字化平台服务 （含由线下特殊目的旅行转化为数字交付的服务） BOP1103 商务视频会议（收费）	 DTS0207 数字商务服务 DTS0208 数字化平台服务 DTS0207 数字商务服务
BOP11 个人、文化和娱乐服务 其中：BOP1101 数字资讯 BOP1102 数字动漫 BOP1103 数字视频 BOP1104 数字音乐 BOP1105 数字出版 （含由线下特殊目的旅游转化为数字交付的服务） BOP1106 数字教育服务 BOP1107 数字医疗服务 BOP1108 数字文娱服务	 DTS0101 数字资讯 DTS0102 数字动漫 DTS0103 数字视频 DTS0104 数字音乐 DTS0105 数字出版 DTS0203 数字教育服务 DTS0204 数字医疗服务 DTS0105 数字文娱服务

续表

其他服务（数字订购）	
BOP01 加工贸易服务 其中：BOP0101 数字订购加工贸易	DTS0501 数字化效率提升服务贸易
BOP02 维护和维修服务 其中：BOP0201 数字订购维护和维修服务	DTS0501 数字化效率提升服务贸易
BOP03 运输服务 其中：BOP0301 数字订购运输服务	DTS0501 数字化效率提升服务贸易
BOP04 旅行 其中：BOP0401 数字订购旅行服务	DTS0501 数字化效率提升服务贸易
BOP05 建筑服务 其中：BOP0501 数字订购建筑服务	DTS0501 数字化效率提升服务贸易
BOP12 政府服务	
另：海关跨境电商统计 跨境电商平台服务	DTS0502 数字化效率提升货物贸易

资料来源：贾怀勤根据有关资料提炼并重新设计。

关于服贸统计中数字交付和数字订购的数据来源，建议调整和改善重点联系企业的数目和覆盖面，通过培训增强其调查问项理解能力和填报能力。还可以考虑使用其他来源的数据（比如工信安研中心和鼎韬的数据）对重点联系企业数据做印证和调整基础。

通过“融合比法”获得的数字贸易测度数据，丰富了现有服务贸易数据，可以供内部参考。数字贸易统计因而能够掌握与其指标对应的服贸统计数据，有利于其多来源数据的综合利用。待数字贸易统计数据测定后，再沿表 6.2 的对应关系反馈给服务贸易统计作为其相关统计数据的修订数字，这个数字可以对外公开。

第七章

数字贸易营商环境和条件的测度

当前国际贸易正从全球价值链转入数字促进贸易的新阶段。传统贸易阶段各国主要关注的是货物的市场准入，相关国际贸易政策主要涉及关税壁垒和非关税壁垒的边境间规则。到了全球价值链阶段，投资和贸易的复杂关系使贸易政策不仅涉及货物和服务的市场准入，而且涉及国际投资自由化和投资保护规则，国际贸易政策也从边境间的约束转变为边境内的约束。到了数字促进贸易阶段，跨境数据流动中商业和非商业的因素交织在一起，数字贸易发展不仅受到国内行业规则的约束，而且受到一国政治、文化的影响。相对工业经济，数字经济的国家竞争力更取决于能否比竞争对手更快、更有效地创造和传播新知识，以及利用新知识来生产新的产品和服务。但现实情况是，无论是各类自由贸易协定，还是各个国家的相关国内规则，都难以赶上全球数字平台对数字贸易规则的诉求，而发展中经济体在规则制定中缺乏话语权。正是在这样的背景下，在对数字贸易规模开展研究的同时，也开展了数字贸易营商环境和条件的研究。所谓数字贸易营商环境，指各国针对数字贸易所制定的国内政策、法规和国际上达成的双边、诸边（区域）和多边数字贸易规则；而数字贸易条件，指开展数字贸易所须具备的基础设施、设备配置、软件开发与应用和数字技术人才的拥有状况。对数字贸易营商环境和条件的测度方法，是设计一套指标体系，将各项指标的测度值综合化为一个指数。

由于研究者对指标体系中一级指标和次级指标的选择不同、所赋予的权数不同，因此对同一经济体的测度会得出不同的结果。更为重要的是，研究者立场不同，看问题的角度，导致指标体系设计不同、赋权不同和测度取值不同。本章主要介绍两个关于数字贸易的指数：一个是经合组织编制的“数字服务贸易限制指数”，另一个是上海社科院编制的“数字贸易促进指数”。此外还提及一个极易与经合组织指数混淆且极具政治操作性的，由欧洲国际政治经济中心编制的“数字贸易限制指数”。

一、数字服务贸易限制指数

OECD 连续发布了 2014 年以来数字服务贸易限制指数，最新数据更新到2022年，覆盖国家或地区85个。该指数旨在识别、编目和量化影响数字服务贸易的监管壁垒，为政策制定者提供一个循证工具，以识别监管瓶颈、设计政策、促进数字贸易市场的竞争和多元化，并分析政策改革的影响。涉及22个服务业部门，具体包括计算机服务、建筑服务、法律、会计、工程、设计、电信服务、分销服务、广播、电影、音像、空运、海运、铁路运输、公路运输、快递服务、商业银行、保险、货物装卸、仓储、货运代理、报关服务。其中，金融方面包括商业银行、保险两个行业。OECD数字服务贸易限制指数的数据来自已经存在的服务贸易限制指数（STRI）数据库。该数字服务贸易限制指数作为一个独立的部分，是对OECD服务贸易限制指数的重要补充。

（一）指标框架

该指数的指标框架包括基础设施和互联互通、电子交易、支付系统、知识产权以及影响数字赋能服务贸易的其他壁垒五个方面（见表7.1）。

基础设施和互联互通子指数涵盖与通信基础设施有关的指标，这些指标对数字贸易至关重要。该指数描绘了网络运营商之间用以确保无缝通信的互联互通的最优实践规则的范围，还抓住了限制或阻碍通信服务应用的指标，包括虚拟专用网络或租用线路。该指数还涵盖了影响连通性的政策，如跨境数据流动和数据本地化的措施。

电子交易子指数涉及的问题如颁发电子商务活动许可证的歧视性条件、非居民企业在线税务登记和申报的可能性、对国际公认电子合同规则的偏离、禁止使用电子认证（如电子签名）的措施，以及缺乏有效的争端解决机制。

支付系统子指数包括影响通过电子手段进行支付的指标，该指数包括与登录某些支付方式有关的指标，还包括对支付交易的国内安全标准是否符合国际标准的评估指标，还包括与网上银行有关的限制等。

知识产权子指数包括与版权和商标有关的国内政策——这些政策没有给予外国人在IP保护方面的平等待遇。该指数还描绘了适当的执法机制的存在，以解决与版权和商标有关的侵权行为，包括网上发生的侵权行为。

影响数字赋能服务贸易的其他壁垒子指数涵盖了数字贸易的各种其他壁垒，包括影响跨境数字贸易的表现要求（例如强制使用本地软件和加密，或强制技术转让）；对下载和传播的限制；对在线广告的限制；商业或本地存在的要求；以及缺乏有效的网上反竞争的补救机制等（Ferencz，2019）。

表 7.1 OECD 数字服务贸易限制指数的指标框架

基础设施和互联互通	强制要求互联互通
	互联互通价格和条件是受到监管的
	互联互通参考报价是公开的
	需要垂直分隔
	X 备注：强制执行非歧视性互联网流量管理*
	备注：在考虑的细分市场中，至少有一家占主导地位的公司**
	X 对使用通信服务的限制
	备注：自由跨境转移个人数据或适用问责制原则*
	在某些私营部门保障措施到位的情况下，可以跨境传输个人数据
	跨境数据流动：个人数据可以跨境转移到隐私保护法律基本相似的国家
	跨境数据流动：跨境转移需根据具体情况进行审批
	X 跨境数据流动：某些数据必须本地存储
	跨境数据流动：禁止数据转移
电子交易	X 从事电子商务的许可证的歧视性条件
	X 备注：从事电子商务要求有许可证或授权**
	非居民外国供应商可在线进行税务登记和申报
	跨境交易的国家合同规则偏离国际标准化规则
	法律或法规明确保护机密信息
	法律或法规规定电子签名与手写签名具有同等法律效力
	X 存在解决跨境数字贸易争端的解决机制
支付系统	对支付结算方式的歧视性访问
	X 国家支付安全标准偏离国际标准
	对网上银行或保险的限制

续表

知识产权	外国公司在商标保护方面受到歧视
	在版权保护和相关权利方面对外国人的歧视性待遇
	备注：根据国际规则，版权保护的例外情况受到限制*
	知识产权的强制执行：可采取司法或行政强制执行措施和补救措施
	知识产权的强制执行：有临时措施
	知识产权的强制执行：提供刑事执行程序和处罚
影响数字赋能服务贸易的其他壁垒	影响跨境数字贸易的表现要求
	影响跨境数字贸易的下载和传播限制
	对在线广告的限制
	提供跨境服务需要商业存在
	X 提供跨境服务需要本地存在
	对商业行为限制了特定市场的竞争时，企业可以得到补偿
	对数字赋能服务的其他限制

资料来源：Ferencz, J.（2019-01-23），"The OECD Digital Services Trade Restrictiveness Index", OECD Trade Policy Papers, No. 221, OECD Publishing, Paris.

注：*对这些指标，收集数据只是为得到信息而已，这些指标对指数的计算没有贡献。

** 这些备注没有被赋值，但是会影响其他赋值的指标。

X 代表这些是新加进去的，没有进入指数的编制。

（二）方法设计

OECD 数字服务贸易限制指数编制的方法涉及三个环节：一是赋值，二是加权，三是汇总。赋值是将定性的信息转换为定量的数据，在赋值环节，在考虑了问题的连环关系后，每个问题被赋予 0 或 1 两个分值，0 代表没有贸易限制，1 代表存在贸易限制。在加权环节，综合考虑了等权的处理方法和专家打分的处理方法，参与打分的专家来自欧洲、亚洲和美国，从事的行业或机构涉及学术、商业、政府和国内或国际组织。经过对权重敏感性的一系列分析之后，指数最终采用了等权的设置。汇总环节是按照得分的加权平均计算累积指数，由于权重相等，总指数就等于五个子指数的合计值。

（三）测度结果

根据2022年85个国家或地区的测度结果，总指数的平均值是0.201，中位数0.166，按从小到大的顺序，下四分位数0.104，上四分位数0.266。按照中位数和上下四分位数，可以将85个国家或地区分为四个梯队，按从小到大的顺序，指数值排序处于前25%的第一梯队国家或地区包括加拿大、澳大利亚、挪威、瑞士、英国、美国、墨西哥、日本、丹麦、荷兰等22个；指数值排序处于25%~50%的第二梯队国家或地区包括瑞典、法国、德国、西班牙、意大利、马来西亚、菲律宾、新西兰、泰国、葡萄牙、越南、比利时等21个；指数值排序处于50%~75%的第三梯队国家或地区包括以色列、希腊、新加坡、奥地利、韩国、巴西、智利、土耳其等21个；指数值排序处于75%~100%的第四梯队国家或地区包括冰岛、巴基斯坦、印度尼西亚、中国、阿根廷、南非、印度、沙特阿拉伯、老挝、俄罗斯等21个。中国数字服务贸易限制总指数的数值为0.308，高于平均水平，在85个国家中排名第71位，处于第四梯队国家。中国数字服务贸易限制总指数的数值相对较高，说明对数字服务贸易的政策限制相对比较紧。

从总指数来看，2022年与2014年相比，OECD数字服务贸易限制总指数减小的有21个国家或地区，占24.7%，变化最大的国家或地区依次是乌干达、埃塞俄比亚、墨西哥、科索沃、马里、尼泊尔、瓦努阿图、巴拉圭、阿尔巴尼亚、冈比亚等；指数值不变的有27个国家或地区，占31.8%，如瑞典、印度尼西亚、以色列、泰国、新西兰、马来西亚、菲律宾、南非、澳大利亚、英国、美国等；指数值增加的有37个国家或地区，占43.5%，变化最大的国家或地区依次是哈萨克斯坦、沙特阿拉伯、俄罗斯、土耳其、斯威士兰、巴基斯坦、肯尼亚、波兰、拉脱维亚、印度和中国等。

从排名来看，2022年与2014年相比，OECD数字服务贸易限制总指数排名提前的国家或地区有52个，占61.2%，变化最大的国家或地区依次是墨西哥、乌干达、科索沃、阿尔巴尼亚、埃塞俄比亚、马里、瓦努阿图、冈比亚、尼泊尔、巴拉圭等；排名不变的有1个，占1.2%，即哥斯达黎加；排名退后的有32个，占37.6%，变化最大的国家或地区依次是土耳其、拉脱维亚、巴基斯坦、肯尼亚、斯洛文尼亚、奥地利、沙特阿拉伯、哈萨克斯坦、波兰、冰岛、中国等（见表7.2）。

表 7.2　2022 年 OECD 数字服务贸易限制总指数及排名

排名	国家或地区	总指数	排名	国家或地区	总指数	排名	国家或地区	总指数	排名	国家或地区	总指数
1	加拿大	0.000	23	危地马拉	0.105	44	以色列	0.180	65	冰岛	0.267
2	牙买加	0.040	24	瑞典	0.122	45	斯洛文尼亚	0.181	66	肯尼亚	0.268
3	厄瓜多尔	0.043	25	芬兰	0.123	46	巴拉圭	0.181	67	巴基斯坦	0.290
4	哥斯达黎加	0.043	26	法国	0.123	47	塞尔维亚	0.181	68	哥伦比亚	0.299
5	澳大利亚	0.061	27	乌干达	0.123	48	希腊	0.184	69	波兰	0.303
6	挪威	0.061	28	德国	0.123	49	新加坡	0.200	70	印度尼西亚	0.307
7	瑞士	0.061	29	西班牙	0.123	50	奥地利	0.202	71	中国	0.308
8	英国	0.061	30	意大利	0.126	51	韩国	0.203	72	乌拉圭	0.318
9	美国	0.061	31	瓦努阿图	0.126	52	塞内加尔	0.206	73	卢旺达	0.330
10	墨西哥	0.079	32	马来西亚	0.127	53	莱索托	0.209	74	阿根廷	0.340
11	冈比亚	0.079	33	菲律宾	0.127	54	拉脱维亚	0.223	75	南非	0.342
12	斯洛伐克	0.080	34	马里	0.138	55	巴西	0.223	76	波黑	0.361
13	日本	0.082	35	新西兰	0.140	56	赞比亚	0.228	77	印度	0.362
14	爱沙尼亚	0.083	36	泰国	0.141	57	文莱	0.232	78	斯威士兰	0.387
15	卢森堡	0.083	37	爱尔兰	0.144	58	马达加斯加	0.238	79	柬埔寨	0.405
16	北马其顿	0.101	38	葡萄牙	0.145	59	玻利维亚	0.242	80	塞舌尔	0.444
17	阿尔巴尼亚	0.101	39	越南	0.146	60	秘鲁	0.242	81	沙特阿拉伯	0.446
18	科索沃	0.101	40	比利时	0.162	61	喀麦隆	0.248	82	老挝	0.499
19	黑山	0.101	41	捷克	0.163	62	智利	0.263	83	俄罗斯	0.508
20	丹麦	0.104	42	尼泊尔	0.163	63	土耳其	0.264	84	津巴布韦	0.568
21	立陶宛	0.104	43	匈牙利	0.166	64	埃塞俄比亚	0.265	85	哈萨克斯坦	0.647
22	荷兰	0.104									

2014年时，各国总指数的平均值为0.182，标准差是0.119，中国的总指数是0.184，与平均值差距不大，标准化得分是0.018。到2022年时，各国总指数的平均值为0.201，标准差为0.128，中国的总指数为0.308，标准化得分是0.835。与2014年相比，中国的总指数变大了，标准化得分也变大了，说明无论是从绝对水平还是相对水平，中国数字服务贸易限制指数都在扩大，数字服务贸易的开放水平在收紧，综合的表现就是排名从2014年的第51位扩大到2022年的第71位（见表7.3）。

表7.3 2014年和2022年OECD数字服务贸易限制总指数、排名

国家或地区	总指数			排名		
	2014年	2022年	变化	2014年	2022年	变化
加拿大	0.021	0.000	−0.021	2	1	−1
牙买加	0.018	0.040	0.022	1	2	1
哥斯达黎加	0.043	0.043	0.000	3	3	0
厄瓜多尔	0.064	0.043	−0.021	14	4	−10
澳大利亚	0.061	0.061	0.000	7	5	−2
挪威	0.083	0.061	−0.022	19	6	−13
瑞士	0.061	0.061	0.000	8	7	−1
英国	0.061	0.061	0.000	9	8	−1
美国	0.061	0.061	0.000	10	9	−1
冈比亚	0.119	0.079	−0.040	28	11	−17
墨西哥	0.278	0.079	−0.198	72	10	−62
斯洛伐克	0.058	0.080	0.022	5	12	7
日本	0.043	0.082	0.040	4	13	9
爱沙尼亚	0.061	0.083	0.022	11	14	3
卢森堡	0.061	0.083	0.022	12	15	3
阿尔巴尼亚	0.140	0.101	−0.040	37	16	−21
科索沃	0.180	0.101	−0.079	48	17	−31
黑山	0.101	0.101	0.000	21	18	−3
北马其顿	0.101	0.101	0.000	24	19	−5
丹麦	0.122	0.104	−0.018	29	20	−9
立陶宛	0.082	0.104	0.022	16	21	5

续表

国家或地区	总指数			排名		
	2014 年	2022 年	变化	2014 年	2022 年	变化
荷兰	0.082	0.104	0.022	17	22	5
危地马拉	0.105	0.105	0.000	26	23	-3
瑞典	0.122	0.122	0.000	30	24	-6
德国	0.122	0.123	0.001	31	25	-6
西班牙	0.101	0.123	0.022	22	26	4
乌干达	0.444	0.123	-0.321	82	27	-55
芬兰	0.079	0.123	0.044	15	28	13
法国	0.101	0.123	0.022	23	29	6
瓦努阿图	0.169	0.126	-0.043	47	30	-17
意大利	0.104	0.126	0.022	25	31	6
马来西亚	0.127	0.127	0.000	35	32	-3
菲律宾	0.127	0.127	0.000	36	33	-3
马里	0.204	0.138	-0.067	54	34	-20
新西兰	0.140	0.140	0.000	38	35	-3
泰国	0.141	0.141	0.000	40	36	-4
爱尔兰	0.122	0.144	0.022	32	37	5
葡萄牙	0.162	0.145	-0.018	44	38	-6
越南	0.106	0.146	0.040	27	39	12
比利时	0.140	0.162	0.022	39	40	1
尼泊尔	0.206	0.163	-0.043	56	41	-15
捷克	0.141	0.163	0.022	41	42	1
匈牙利	0.144	0.166	0.022	42	43	1
以色列	0.180	0.180	0.000	49	44	-5
塞尔维亚	0.181	0.181	0.000	50	45	-5
巴拉圭	0.223	0.181	-0.043	61	47	-14
斯洛文尼亚	0.061	0.181	0.120	13	46	33
希腊	0.162	0.184	0.022	45	48	3
新加坡	0.203	0.200	-0.003	53	49	-4
奥地利	0.083	0.202	0.119	20	50	30

续表

国家或地区	总指数			排名		
	2014 年	2022 年	变化	2014 年	2022 年	变化
韩国	0. 199	0. 203	0. 004	52	51	-1
塞内加尔	0. 206	0. 206	0. 000	58	52	-6
莱索托	0. 209	0. 209	0. 000	59	53	-6
巴西	0. 205	0. 223	0. 018	55	54	-1
拉脱维亚	0. 082	0. 223	0. 141	18	55	37
赞比亚	0. 249	0. 228	-0. 021	68	56	-12
文莱	0. 232	0. 232	0. 000	64	57	-7
马达加斯加	0. 259	0. 238	-0. 021	69	58	-11
玻利维亚	0. 242	0. 242	0. 000	66	59	-7
秘鲁	0. 242	0. 242	0. 000	67	60	-7
喀麦隆	0. 231	0. 248	0. 016	63	61	-2
智利	0. 263	0. 263	0. 000	70	62	-8
土耳其	0. 061	0. 264	0. 203	6	63	57
埃塞俄比亚	0. 542	0. 265	-0. 277	84	64	-20
冰岛	0. 148	0. 267	0. 119	43	65	22
肯尼亚	0. 123	0. 268	0. 145	33	66	33
巴基斯坦	0. 126	0. 290	0. 164	34	67	33
哥伦比亚	0. 299	0. 299	0. 000	74	68	-6
波兰	0. 162	0. 303	0. 141	46	69	23
印度尼西亚	0. 307	0. 307	0. 000	75	70	-5
中国	0. 184	0. 308	0. 123	51	71	20
乌拉圭	0. 318	0. 318	0. 000	76	72	-4
卢旺达	0. 272	0. 330	0. 058	71	73	2
阿根廷	0. 361	0. 340	-0. 021	78	74	-4
南非	0. 342	0. 342	0. 000	77	75	-2
波黑	0. 361	0. 361	0. 000	79	76	-3
印度	0. 239	0. 362	0. 123	65	77	12
斯威士兰	0. 211	0. 387	0. 175	60	78	18
柬埔寨	0. 404	0. 405	0. 001	80	79	-1

续表

国家或地区	总指数			排名		
	2014 年	2022 年	变化	2014 年	2022 年	变化
塞舌尔	0.444	0.444	0.000	81	80	-1
沙特阿拉伯	0.206	0.446	0.240	57	81	24
老挝	0.523	0.499	-0.024	83	82	-1
俄罗斯	0.281	0.508	0.226	73	83	10
津巴布韦	0.593	0.568	-0.024	85	84	-1
哈萨克斯坦	0.228	0.647	0.419	62	85	23

资料来源：OECD 数据库。

从基础设施和互联互通子指数来看，2014 年该项得分是 0.079，占总指数的 43.1%。2022 年，该项得分是 0.159，占总指数的 51.6%，是五个子指数中对总指数贡献最大的一个，比 2014 年的贡献率增加了 8.5 个百分点（见表 7.4）。2022 年，中国基础设施和互联互通子指数排名为第 62 位，比总指数的第 71 位要靠前；2014 年该指数排名在第 36 位，比当年总指数的第 51 位要靠前，说明在五个子指数中，中国基础设施和互联互通子指数并不处于劣势，但其发展的趋势缩紧了。

从电子交易子指数来看，2014 年指数值为 0.043，占总指数的 23.1%；2022 年该指数值未发生变化，但对总指数的贡献率下降到了 13.8%。从排名来看，2014 年中国电子交易子指数排在第 50 位，2022 年排在第 56 位，均比总指数排位高，但排名有所后退。这说明在五个子指数中，电子交易子指数并不处于劣势，虽然相关政策并未发生变化，但受其他国家政策变化影响，排名靠后了。

表 7.4　2014 年和 2022 年 OECD 数字服务贸易限制子指数对总指数的贡献及排名

总指数类型	指数值			对总指数的贡献/%			排名		
	2014 年	2022 年	变化	2014 年	2022 年	变化	2014 年	2022 年	变化
基础设施和互联互通	0.079	0.159	0.079	43.1	51.6	64.4	36	62	26
电子交易	0.043	0.043	0.000	23.1	13.8	0.0	50	56	6
支付系统	0.018	0.018	0.000	10.0	6.0	0.0	55	52	-3

续表

总指数类型	指数值			对总指数的贡献/%			排名		
	2014 年	2022 年	变化	2014 年	2022 年	变化	2014 年	2022 年	变化
知识产权	0.000	0.000	0.000	0.0	0.0	0.0	1	1	0
影响数字赋能服务贸易的其他壁垒	0.044	0.088	0.044	23.8	28.6	35.6	65	76	11
总指数	0.184	0.308	0.123				51	71	20

资料来源：OECD 数据库。

从支付系统子指数来看，2014 年指数值为 0.018，占总指数的 10%；2022 年该指数值未发生变化，但对总指数的贡献率下降到了 6%。从排名来看，2014 年中国支付系统子指数排在第 55 位，2022 年排在第 52 位，均比总指数排位高，排名变小。这说明在五个子指数中，支付系统子指数并不处于劣势，虽然相关政策并未发生变化，但受其他国家政策变化的影响，排名靠前了。

从知识产权子指数来看，2014 年和 2022 年中国的指数值均为 0，表明中国在知识产权方面具有较高的开放度，其对总指数的贡献率为 0。与其他知识产权子指数为 0 的国家一起排在第一位。

从影响数字赋能的服务贸易的其他壁垒子指数来看，2014 年该指数为 0.044，占总指数的 23.8%；2022 年，该指数值为 0.088，占总指数的 28.6%，比 2014 年增加了 4.8 个百分点。从排名来看，2014 年中国排在第 65 位，2022 年排在第 76 位，均比总指数的排名靠后。这说明在五个子指数中，影响数字赋能服务贸易的其他壁垒子指数是唯一一个处于相对劣势的指标，并且其变化趋势还呈现出收紧的态势。

综合而言，中国数字服务限制总指数的主要来源依次是基础设施和互联互通、影响数字赋能服务贸易的其他壁垒、电子交易和支付系统。2022 年与 2014 年变化的主要来源是基础设施和互联互通，贡献了 64.4%的变化；其次是影响数字赋能服务贸易的其他壁垒，贡献了 35.6%。在知识产权领域，中国没有显著的政策壁垒。

二、数字贸易促进指数

自 2019 年以来，上海社会科学院开发了全球数字贸易促进指数。该指数从市场准入、基础设施、法律政策环境和商业环境四个方面，对各主要经济体为数字贸易发展提供的内外部环境和基础设施进行比较分析（贸易投资新规则与自贸试验区建设团队，2019；沈玉良等，2020；沈玉良，2022）。

（一）指标框架

全球数字贸易促进指数包括四个子指数：市场准入指数、基础设施指数、法律政策环境指数、商业环境指数（见表7.5）。市场准入指数衡量各经济体接纳国外提供商通过跨境服务进入本国市场的准入范围和程度，包括数字贸易有关的部门开放；基础设施指数衡量某个经济体是否具有必备的ICT基础设施、金融支付基础设施和交付（服务和货物交付）基础设施；法律政策环境指数从公共行政部门的视角，衡量各经济体在数字贸易相关的法律保护和安全环境方面的总体表现；商业环境指数从微观企业的视角，衡量各经济体的企业在数字技术能力和数字技术应用方面的总体表现（贸易投资新规则与自贸试验区建设团队，2019）。

表7.5　数字贸易促进指数的指标框架

一级指标	二级指标	三级指标	四级指标
市场准入	数字贸易有关的部门开放	数字贸易相关的市场准入	电子商务国民待遇和（或）最惠国待遇
			特定部门国民待遇和（或）最惠国待遇
		数据流动相关的前沿性条款	跨境数据流动
			数据本地存储
基础设施	ICT基础设施和服务	互联网用户渗透率（每百居民）	
		因特网的国际网络带宽（比特/秒）	
		拥有计算机的家庭比重（%）	
	支付基础设施和服务	使用借记卡人数比重（15岁以上，%）	
		使用信用卡人数比重（15岁以上，%）	
		使用手机或互联网访问账户比重（15岁以上，%）	
		过去一年发送或接收数字付款比重（%）	

续表

一级指标	二级指标	三级指标	四级指标
基础设施	交付基础设施和服务	固定宽带设施和服务	每百名居民拥有固定宽带用户（个）
			固定宽带资费（PPP，美元/月）
		移动宽带设施和服务	每百名居民中活跃的移动宽带用户（个）
			移动蜂窝订阅费（PPP，美元/分钟）
		邮政设施服务	家庭邮寄百分比（%）
			邮政可靠性指数（0~100）
		物流及清关服务	国际物流竞争力（0~7）
			海关程序负担（0~7）
法律政策环境	法律环境	电子签名立法	
		数据保护立法	
		消费者保护立法	
		网络犯罪立法	
		软件盗版率（%）	
	安全环境	GCI 网络安全指数（0~1）	
		每百万居民的安全互联网服务器数量（个）	
商业环境	数字技术能力	ICT 国际专利申请（件）	
		企业对 ICT 技术的吸收能力（0~7）	
	数字技术应用	ICT 对商业模式的影响（0~7）	
		数字技术在 B2B 中的应用（0~7）	
		数字技术在 B2C 中的应用（0~7）	

资料来源：贸易投资新规则与自贸试验区建设团队，2019。

（二）权重设计

子指数 A：市场准入的指标构成和权重设计。子指数 A 下设一个支柱，即数字贸易有关的部门开放。数字贸易服务部门开放对企业是否可以经营业务至关重要，主要以区域贸易协定数字贸易服务部门的开放承诺为评价基础，包括数字贸易相关的市场准入和数据流动相关的前沿性条款两个二级指标，二者被赋予相同的权重，即 0.5。数字贸易相关的市场准入下设“电子商务国民待遇和（或）最惠国待遇”以及“特定部门国民待遇和（或）最惠国待遇”两个三级指标。数据流动相关的前沿性条款下设“跨境数据流动”和“数据本地存储”两个三级指标，每个三级指标也是采用平均权重赋权，即各为 0.5 的权重。

子指数 B：基础设施的指标构成和权重设计。子指数 B 数字贸易基础设施包括三个支柱，分别是 ICT 基础设施和服务、支付基础设施和服务以及交付基础设施和服务。ICT 基础设施和服务反映了数字贸易微观主体拥有信息与通信技术基础设施的总体水平；支付基础设施和服务反映了数字产品交易买卖双方在金融支付方面的便利度和效率；交付基础设施和服务反映了服务和货物在交付过程中的便利化及效率。考虑到三者都很重要，因此赋予其同样的权重，均为 0.33。

子指数 C：法律政策环境的指标构成和权重设计。子指数 C 包括法律环境和安全环境两个支柱，二者同等重要，赋予同样的权重（0.5）。其中，法律环境包括数字贸易开展过程中涉及的法律问题，具体指标包括电子签名立法、数据保护立法、消费者保护立法、网络犯罪立法和软件盗版率；安全环境主要采用全球网络安全指数（GCI）和每百万居民的安全互联网服务器数量两个指标反映。

子指数 D：商业环境的指标构成和权重设计。子指数 D 包括数字技术能力和数字技术应用两个支柱，考虑到二者都很重要，因此赋予其同样的权重，均为 0.5。数字技术能力反映微观主体在 ICT 技术方面具备的基础能力，通过 ICT 国际专利申请和企业对 ICT 技术的吸收能力两个指标得以体现。数字技术应用反映微观主体在应用 ICT 技术方面的水平，通过 ICT 对商业模式的影响、数字技术在 B2B 中的应用和数字技术在 B2C 中的应用三个指标体现。

（二）测度结果

1. 总指数排名情况

从测度结果来看，在 74 个经济体中，中国 2019 年排名第 53 位，2020 年排名第 43 位，2021 年排名第 46 位（见表 7.6）。2021 年，全球数字贸易促进指数排名前十位的经济体依次是美国、新加坡、日本、加拿大、英国、新西兰、澳大利亚、芬兰、瑞典、瑞士。与2020年相比，2021年前十位经济体中的英国和美国排名分别上升10位和5位，瑞士下降3位，日本、新西兰和澳大利亚均下降了2位，加拿大下降了1位；此外，2020年位居全球第十的丹麦在2021年全球排名中下降了1位，位列第十一。

2021年，全球数字贸易促进指数排名靠后的经济体主要集中在拉美、非洲、南亚地区。排名靠后的十位经济体分别为肯尼亚、埃及、尼加拉瓜、约旦、突尼斯、阿尔巴尼亚、塞内加尔、委内瑞拉、巴基斯坦、津巴布韦、玻利维亚。2020年，排名最后十位经济体中的亚美尼亚和厄瓜多尔在2021年排名提升较快，分别从2020年的第65位和第66位上升到2021年的第55位和第52位。

与2020年相比，2021年全球数字贸易促进指数上升最快的5个经济体分别为以色列、厄瓜多尔、英国、亚美尼亚、美国，分布于西亚、中亚、欧洲、北美和南美地区。2021年，全球数字贸易促进指数排名下降最快的5个经济体分别是越南、尼加拉瓜、土耳其、摩尔多瓦、危地马拉和巴拿马，分布于东南亚、西亚、南美和东南欧地区。

表7.6 2019—2021年全球数字贸易促进指数排名

经济体	2021年	2020年	2019年	经济体	2021年	2020年	2019年
美国	1	6	6	荷兰	13	13	5
新加坡	2	2	17	韩国	14	11	8
日本	3	1	10	德国	15	17	11
加拿大	4	3	26	马来西亚	16	14	34
英国	5	15	9	挪威	17	16	4
新西兰	6	4	12	爱沙尼亚	18	18	21
澳大利亚	7	5	23	爱尔兰	19	20	14
芬兰	8	8	1	法国	20	21	15
瑞典	9	9	16	比利时	21	19	13
瑞士	10	7	3	以色列	22	36	29
丹麦	11	10	7	智利	23	22	48
卢森堡	12	12	2	葡萄牙	24	23	19

续表

经济体	2021 年	2020 年	2019 年	经济体	2021 年	2020 年	2019 年
西班牙	25	24	20	摩洛哥	50	50	44
立陶宛	26	25	22	格鲁吉亚	51	49	40
捷克	27	26	18	厄瓜多尔	52	66	42
拉脱维亚	28	27	27	菲律宾	53	55	57
斯洛文尼亚	29	28	31	俄罗斯	54	51	39
斯洛伐克	30	30	24	亚美尼亚	55	65	51
塞浦路斯	31	33	62	印度	56	54	64
匈牙利	32	35	63	摩尔多瓦	57	52	45
波兰	33	32	37	南非	58	61	52
墨西哥	34	34	54	萨尔瓦多	59	56	74
土耳其	35	29	49	哈萨克斯坦	60	57	56
意大利	36	39	25	马其顿	61	60	35
克罗地亚	37	40	46	危地马拉	62	58	66
沙特阿拉伯	38	37	33	黑山	63	62	43
越南	39	31	59	肯尼亚	64	63	38
哥伦比亚	40	38	69	埃及	65	68	65
保加利亚	41	42	55	尼加拉瓜	66	59	61
秘鲁	42	41	60	约旦	67	64	41
希腊	43	45	30	突尼斯	68	67	71
罗马尼亚	44	46	32	阿尔巴尼亚	69	69	50
泰国	45	47	28	塞内加尔	70	70	47
中国	46	43	53	委内瑞拉	71	71	73
乌克兰	47	48	36	巴基斯坦	72	73	70
巴拿马	48	44	68	津巴布韦	73	74	67
印度尼西亚	49	53	58	玻利维亚	74	72	72

资料来源：贸易投资新规则与自贸试验区建设团队（2019）、沈玉良等（2020）和沈玉良（2022）。

2. 分指数排名情况

（1）市场准入分指数

市场准入分指数的测算结果显示，亚太区经济体表现优异，这主要是因为亚太区国家在高水平区域贸易协定数字贸易规则的参与上非常活跃，数字贸易服务部门的总体开放程度较高。2021 年，市场准入分指数排名全球前十位的经济体均在亚太区，分别为日本、加拿大、墨西哥、美国、秘鲁、智利、新加坡、越南、澳大利亚、马来西亚。其中，日本、加拿大、美国和墨西哥的市场准入水平最高，《美墨加协定》（USMCA）和《美日数字贸易协定》（UJDTA）基本上确立了全球区域贸易协定数字贸易规则的最高水平，美日等主要经济体进一步将高标准的数字贸易规则传导至亚太区其他贸易伙伴，包括新加坡、澳大利亚、马来西亚、智利等国。

（2）基础设施分指数

全球数字贸易基础设施质量较高的经济体主要集中在欧洲和大洋洲，2021 年全球数字贸易基础设施排名前十位的经济体分别是卢森堡、挪威、芬兰、瑞典、丹麦、新加坡、加拿大、荷兰、新西兰、瑞士。其中，卢森堡已经连续三年成为全球数字基础设施指数得分最高的经济体；英国的排名从 2020 年的第十位下滑到 2021 年的第十三位；新加坡的排名则从 2020 年的第十三位上升到 2021 年的第七位，取代英国成为进入基础设施分指数排名前十位的经济体。

（3）法律政策环境分指数

2021 年，全球法律安全环境分指数排名前十位的经济体分别为丹麦、美国、荷兰、新加坡、瑞士、德国、芬兰、爱尔兰、卢森堡、英国。爱沙尼亚的排名从 2020 年的第十位下降到 2021 年的第十四位，跌出全球前十。爱尔兰则从 2020 年的第十二位跃升为 2021 年的第八位，其作为全球数字服务外包的主要集聚地，长期保持全球数字服务第三大出口国的地位，在数字贸易法律安全环境方面的优势得到进一步巩固和加强。

（4）商业环境分指数

2021 年和 2020 年，全球数字贸易商业环境分指数排名前十位的经济体分别是瑞典、日本、芬兰、以色列、瑞士、美国、荷兰、英国、挪威、韩国。发达经济体商业环境分指数的均值大大超过发展中经济体的均值，这表明发展中经济体在数字贸易商业环境的培育方面仍然任重道远。

（四）数字贸易促进指数与数字贸易限制指数的差异

数字贸易促进指数与数字贸易限制指数存在较大的差异。切入视角、研究范围、数据来源和方法的差异，导致分析结果存在差别。

1. 切入视角的差异

数字贸易限制指数强调全球经济体对数字贸易的限制，侧重体现各国在数字贸易政府监管政策方面的差异。数字贸易发展指数则从对数字贸易促进指数促进的视角，重点分析各经济体在发展数字贸易方面的基础水平、综合环境和发展潜力。

2. 研究范围存在差异

数字贸易限制指数的范围局限于数字贸易的各种管制政策，不涉及其他决定数字贸易发展的内外部条件。而数字贸易促进指数则从市场准入、基础设施、法律政策环境和商业环境四个方面，对各主要经济体如何为数字贸易发展提供良好的内外部环境和基础设施进行比较分析。从涵盖范围上看，数字贸易促进指数包含了数字贸易限制指数分析的主题，但远远超过后者的研究范畴和所涉领域。

3. 数据来源和方法的差异

数字贸易限制指数大量采用机构合作方的调研问卷数据和从内部渠道获取的指标数据。尽管这些数据可能比较细致和深入，但由于其并未公布数据采集的具体方式和原始数据，数据来源的可靠性和透明度方面存在一些疑虑。相比之下，数字贸易促进指数全部采用权威国际组织公开发布的指标数据，并根据经济学和政策含义赋予相应的权重，采用标准统计研究方法进行分析。

4. 分析结果的差异

数字贸易限制指数的重心集中于数字贸易的限制，因而其研究结果中，中国、俄罗斯、印度、巴西、越南等新兴经济体的限制指数总是最高的。受制于国家所处的经济发展阶段，发展中经济体对数字贸易这种新型服务贸易的监管必定会高于发达经济体。数字贸易促进指数重点分析各经济体开展数字贸易的综合环境。换句话说，即使当前发展中国家对数字贸易存在诸多政策限制，但也有可能因其他基础条件的优势吸引微观主体从事数字贸易业务，对优势和劣势的权衡，有助于为开展数字贸易的微观主体提供更为全面的参考。当然，从未来的发展角度看，也有利于发展中经济体政策当局意识到监管上存在的不足，并提供可选择的改进路径。

三、数字贸易限制指数

(一)“砖隘异”——美国在国际数字贸易市场上紧盯的对象

美国国际贸易委员会（USITC）2017 报告将巴西、中国、印度、印度尼西亚、俄罗斯和欧盟称为美国数字贸易的主要市场（major markets），对它们极为关注，把很大精力放在盯住这些国家和超国家联盟实行阻碍数字贸易的规章和政策措施的“劣迹”上，几乎每章最后对它们的“不良表现”都有记述。全书还专门辟有第八章集中“揭露”它们“影响数字贸易的规章和政策措施”，其篇幅占到附录以外的 327 页的 18%。

2017 报告还专门给巴西、中国、印度、印度尼西亚、俄罗斯和欧盟冠以 BRICIE 的称呼，它与其他数十个缩写和首字母缩略词在 2017 报告正文的前面。但是绝大多数缩写和首字母缩略词都是专业术语，如“人工智能”（artificial intelligence，AI）和“可下载内容”（downloadable content，DLC）等；少数是机构名，如“欧洲中央银行”（European Central Bank，ECB）和“美国农业部”（US Department of Agriculture，USDA），而这些词也都是其他出版物使用过的。唯独这个缩略词是该报告创制的新词，可见作者用意之深。为了使读者不忽视 2017 报告的“美意”，贾怀勤将之译为“砖隘异”。

2017 报告把“砖隘异”称为它在国际市场上需要认真对待的关键国家（key countries）。该报告把“砖隘异”所实行的阻碍数字贸易的规章和政策措施分为 6 种：数据保护和隐私（包括数据本地化）、电脑网络安全、知识产权、审查、市场准入和投资。前 4 种是数字贸易独有的，后 2 种是国际贸易共有的。2017 报告说美国企业的代表，应美国贸易代表办公室的要求，观察和搜集贸易伙伴国和投资东道国的“不良表现”材料，向其报告。

对“砖隘异”之外的国家，美国不遗余力地在双边和多（诸）边场合推动减缓乃至完全取消上述规章和政策措施。近些年，美国与一些国家签订的《自由贸易协定》（FTA），不同程度写入了跨境数据自由流动、数据存储非强制当地化、数字传输永久免关税待遇、推崇“网络开放”和“技术中立”原则、禁止以“开放源代码”作为市场准入的前提条件和明确传统贸易投资规则对数字服务的适用性等条款。

（二）数字贸易限制指数量化 2017 报告对“关键国家”营商环境的评价

如果说 2017 报告只是使用基于企业代表的文字资料抨击美国数字贸易的关键国家通过实施规章和政策措施“阻碍”数字贸易的话，一家名为“欧洲国际政治经济中心”的智库，于 2018 年 4 月开发了一个数字贸易限制指数（digital trade restrictiveness index，DTRI，以下简称“限制指数”）则主要使用美国贸易代表办公室搜集到的资料，对各经济体数字贸易营商环境进行多指标综合评价，以突出上述关键国家的“劣行”和营商环境之“不佳”。

该指数采集到 64 个经济体的 100 多项指标，包括四大领域：(A) 财政限制和市场准入，(B) 企业开办限制，(C) 数字限制，(D) 贸易限制。每个领域由若干章组成，总共 13 章。该指数作为逆指标，从 0 到 100，100 代表限制性最强，0 代表限制性最弱即开放性最强。根据这套指数测度结果，中国、俄罗斯、印度、印尼和越南属于限制性最强的经济体，而在这五国当中，中国尤为突出，限制性指数高达 0.7，远高于得分在 0.4~0.5 的其余四个经济体。在测度尺的另一端，是限制性最低的五个经济体：新西兰、冰岛、挪威、爱尔兰和中国香港，其指数值在 0.1 左右。其他发达经济体和部分发展中经济体则居两者之间。这个指数与 2017 报告有异曲同工之“妙”。

“欧洲国际政治经济中心”所编指数，采用的数据大多来自机构合作方的问卷调研数据和内部渠道获取的指标数据，并未公开其数据采集方式和原始数据，部分数据的来源和透明度存在疑问。譬如，税收和补贴数据部分源自较大的专业服务和咨询公司，公共采购数据部分源自企业联合会、网站搜索，对外投资数据部分源自咨询报告和持股人反馈，竞争政策数据来源私人方面的评论。还有一些数据直接来自美国贸易代表办公室对各经济体的评估。数据政策数据部分源自公司博客和商务报告，对云计算和社交媒体管理数据主要来源于产业专家。这不能不使人对它的可靠性产生疑问。

“欧洲国际政治经济中心”所编指数，除了存在指数编制方法和数据来源问题，还公开挑战中国的主权和领土完整，将中国领土不可分割部分的香港和台湾地区，与其他经济体并列，统称为 64 个“国家”。

附　录

贾怀勤对数字贸易测度的理念引领和研究推动

2018年以来，贾怀勤引领着数字贸易测度理念，推动着数字贸易测度方法的研究。这种引领和推动，通过三条途径进行：发表论文、学术讲座和论坛讲演、与主管机关互动。

一、有关数字贸易的论文发表

2018—2022年，贾怀勤独著或与他人合著的关于数字贸易的作品有9篇发表，具体信息见附表1。第1篇和第7篇是基于文献回顾的成果归纳。第2篇和第3篇是关于数字贸易基本理念和数字贸易推进策略的研究。第4篇和第8篇是专题小论文。第5篇是对“融合比法”从构念到实测过程的全面描述。第6篇阐述作者的数字贸易的概念架构、指标体系和测度方法，并对试测度结果给予披露和分析，乃是作者重点打造的“旗舰性”论文。

附表1 贾怀勤有关数字贸易的著作

编号	著作名	出处和时间	署名
1	数字贸易及其测度研究的回顾与建议——基于国内外文献资料的综述	《经济统计学（季刊）》，2018年第1期	贾怀勤、刘楠
2	数字贸易的概念、营商环境评估与规则	《国际贸易》，2019年第9期	贾怀勤
3	数字贸易的双核架构和一体两翼	《国际经济合作》，2020年第6期	贾怀勤
4	数字经济分类与数字贸易的对应	《中国统计》，2021年第8期	贾怀勤
5	数字贸易测度的融合比法：从构念到实测	《今日科苑》，2021年第10期	高晓雨、贾怀勤、方元欣、王梦梓
6	数字贸易测度的概念架构、指标体系和测度方法初探	《统计研究》，2021年第12期	贾怀勤、高晓雨、许晓娟、方元欣
7	数字贸易测度研究综述和路径方法分析	《海关与经贸研究》，2021年第6期	贾怀勤

续表

编号	著作名	出处和时间	署名
8	数字贸易理念和测度口径及方案辨析	《中国统计》，2022 年第 4 期	贾怀勤
9	第二章第二节“数字贸易的概念、测度口径和测度方法”	中国服务贸易协会、清华大学服务经济与数字治理研究院：《2022 中国服务贸易年度研究报告》，人民出版社，2023 年	贾怀勤、丁岚、许晓娟

资料来源：根据有关著作整理。

其中，《国际贸易》和《统计研究》是国家 C 刊。《数字贸易测度的概念架构、指标体系和测度方法初探》被中国人民大学《报刊复印资料》收录，还被中国社科院《世界经济年鉴》评为“2021 年世界经济统计学最佳中文论文 TOP10 榜单”第 8 名。

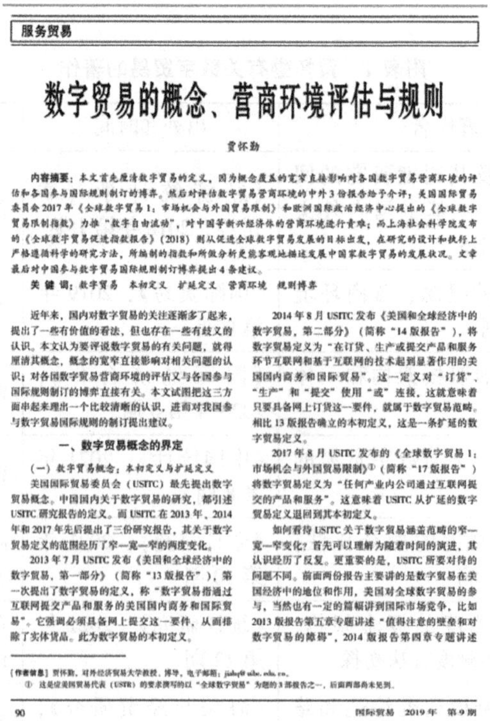

服务贸易

数字贸易的概念、营商环境评估与规则

贾怀勤

内容摘要：本文首先厘清数字贸易的定义，因为概念覆盖的宽窄直接影响对各国数字贸易营商环境的评估和各国参与国际规则制订的博弈。然后对评估数字贸易营商环境的中外 3 份报告给予介评：美国国际贸易委员会 2017 年《全球数字贸易 1：市场机会与外国贸易限制》和欧洲国际政治经济中心提出的《全球数字贸易限制指数》力推“数字自由流动”，对中国等新兴经济体的营商环境进行责难；而上海社会科学院发布的《全球数字贸易促进指数报告》(2018) 则从促进全球数字贸易发展的目标出发，在研究的设计和执行上严格遵循科学的研究方法，所编制的指数和所做分析更能客观地描述发展中国家数字贸易的发展状况。文章最后对中国参与数字贸易国际规则制订博弈提出 4 条建议。

关 键 词：数字贸易　本初定义　扩延定义　营商环境　规则博弈

近年来，国内对数字贸易的关注逐渐多了起来，提出了一些有价值的看法，但也存在一些有歧义的认识。本文认为要评说数字贸易的有关问题，就得厘清其概念，概念的宽窄直接影响对相关问题的认识；对各国数字贸易营商环境的评估又与各国参与国际规则制订的博弈直接有关。本文试图把这三方面串起来理出一个比较清晰的认识，进而对我国参与数字贸易国际规则的制订提出建议。

一、数字贸易概念的界定

（一）数字贸易概念：本初定义与扩延定义

美国国际贸易委员会（USITC）最先提出数字贸易概念。中国国内关于数字贸易的研究，都引述 USITC 研究报告的定义。而 USITC 在 2013 年、2014 年和 2017 年先后提出了三份研究报告，其关于数字贸易定义的范围经历了窄—宽—窄的两度变化。

2013 年 7 月 USITC 发布《美国和全球经济中的数字贸易，第一部分》（简称“13 版报告”），第一次提出了数字贸易的定义，称“数字贸易指通过互联网提交产品和服务的美国国内商务和国际贸易”。它强调必须具备网上提交这一要件，从而排除了实体货品。此为数字贸易的本初定义。

2014 年 8 月 USITC 发布《美国和全球经济中的数字贸易，第二部分》（简称“14 版报告”），将数字贸易定义为“在订货、生产或提交产品和服务环节互联网和基于互联网的技术起到显著作用的美国国内商务和国际贸易”。这一定义对“订货”、“生产”和“提交”使用“或”连接，这就意味着只要具备网上订货这一要件，就属于数字贸易范畴。相比 13 版报告确立的本初定义，这是一条扩延的数字贸易定义。

2017 年 8 月 USITC 发布的《全球数字贸易 1：市场机会与外国贸易限制》①（简称“17 版报告”）将数字贸易定义为“任何产业内公司通过互联网提交的产品和服务”。这意味着 USITC 从扩延的数字贸易定义退回到其本初定义。

如何看待 USITC 关于数字贸易涵盖范畴的窄—宽—窄变化？首先可以理解为随着时间的演进，其认识经历了反复。更重要的是，USITC 所要对待的问题不同。前面两份报告主要讲的是数字贸易在美国经济中的地位和作用，美国对全球数字贸易的参与，当然也有一定的篇幅讲到国际市场竞争，比如 2013 版报告第五章专题讲述“值得注意的壁垒和对数字贸易的障碍”，2014 版报告第四章专题讲述

[作者信息] 贾怀勤，对外经济贸易大学教授，博导，电子邮箱：jiahq@ uibe. edu. cn。

① 这是应美国贸易代表（USTR）的要求撰写的以“全球数字贸易”为题的 3 部报告之一，后面两部尚未见到。

90　　国际贸易　2019 年　第 9 期

附图 1 《数字贸易的概念、营商环境评估与规则》，《国际贸易》2019 年第 9 期发表

网络首发时间：2022-01-10 09:15:24
第38卷第12期 网络首发地址：https://kns.cnki.net/kcms/detail/11.1302.c.20220105.0954.005.html 统计研究 Vol. 38, No. 12
2021 年 12 月 Statistical Research Dec. 2021

数字贸易测度的概念架构、指标体系和测度方法初探*

贾怀勤 高晓雨 许晓娟 方元欣

内容提要：数字贸易是构建"以国内大循环为主体、国内国际双循环相互促进"的新发展格局的新模式和新业态，也是各国参与国际竞争与合作的重要领域。然而，国际社会对数字贸易概念的认识还比较模糊，直接影响着数字贸易市场拓展和规则制定，数字贸易测度也成为国际贸易统计领域具有挑战性课题。本文在回顾和梳理国际社会关于数字贸易概念和测度方法既有论述的基础上，提出了数字贸易的"二元三环"概念架构，构建了测度数字贸易规模的指标体系，开发了以"实际数字交付比率"为关键的数字贸易测度法，并使用中国"两化融合"平台数据库的数据，对中国 2018—2019 年数字贸易进出口总额进行了试测度。本文的研究成果对我国数字贸易测度研究以及有关部门建立数字贸易统计监测制度具有借鉴作用。

关键词：数字贸易；二元三环；指标体系；方法；试测度

DOI：10. 19343/j. cnki. 11-1302/c. 2021. 12. 003

中图分类号：C813 **文献标识码**：A **文章编号**：1002-4565(2021)12-0030-12

Initial Study of the Concept Framework, Indicator System and Measurement Method of Digital Trade

Jia Huaiqin Gao Xiaoyu Xu Xiaojuan Fang Yuanxin

Abstract: To establish a "dual circulation" development pattern in which domestic economic circulation plays a leading role while international economic circulation is the supplement, China should take digital trade as an important model and form of commercial operation. Meanwhile, digital trade also plays an important part in international competition and cooperation. But there is a hazy understanding of the concept, which directly influences the market expansion and rule formulation of digital trade. How to measure digital trade has become a challenge for international trade statistics. Based on reviewing the international research on digital trade's concept and measurement, this paper designs a "duality-and-three-rings" framework for the concept of digital trade and constructs an indicator system to measure digital trade. It develops the measurement method with "ratio of digitally delivered services" as its core and puts it in an experimental estimation of the export and import scale of China's digital trade in 2018 and 2019 using the data in the Database of China's Integration of Industrialization and Informatization. The results of this paper provide an important reference for the study of a digital trade measurement in China and the establishment of digital trade statistical monitoring system by relevant authorities.

附图 2 《数字贸易测度的概念架构、指标体系和测度方法初探》，
《统计研究》2021 年第 12 期发表

CHINA STATISTICS | 中国统计

数字经济分类与数字贸易的对应

—贾怀勤

2021 年 6 月，国家统计局发布了《数字经济及其核心产业统计分类（2021）》（简称“分类”），对于数字贸易测度有重要的作用。为此，本文对两者的指标进行对照。分类的大类和中类摘抄于表 1，国际收支口径的服务贸易 12 个品类摘抄于表 2。

数字经济分类与国际组织界定的数字贸易范畴的对应

数字贸易（以下简称“数贸”）是数字经济（有形和无形）产品的跨境流通活动。

国际上对数字贸易的界定有窄口径的 UNCTAD & BEA 的数字可交付服务贸易测度和宽口径的 OECD & WTO 三分法。

OECD & WTO2020 年发布的《数字贸易手册》（简称“手册”）将数字贸易识别为：①作为货物贸易子集的“数字订购贸易”。②作为服务贸易子集的“数字交付贸易”。③第三方平台的贸易服务。而 UNCTAD & BEA 的数字可交付服务贸易可以看作是“手册”的“数字交付贸易”。以下将数字经济分类的大类及中类与“手册”作对照解读。

由于有形产品的生产和流通是分离的，第一大类“数字产品制造业”的生产活动，不属于贸易。

无形产品的生产和提供一般是不可分的，第二大类“数字产品服务业”，是数字硬件产品流通的服务活动，如果在常住单位和非常住单位之间发生，属于国际贸易。其中的第一中类“数字产品批发”、第二中类“数字产品零售”和第三中类“数字产品租赁”（指融资性租赁），属于货物贸易，这当中采用数字订购的，属于（含平台服务的）货物—数贸。第四中类“数字产品维修”和第五中类“其他数字产品服务业”，属于服务贸易，如果是数字交付的，属于服务—数贸。

第三大类“数字技术应用业”全部是数字可交付服务，只要服务发生在常住单位和非常住单位之间，就属于数字贸易，对应于服务贸易第 9 品类“通信、计算机和信息服务”。

第四大类“数字要素驱动业”（第二中类“互联网批发零售”和第 4 中类“信息基础

表 1　数字经济分类的大类和中类

01 数字产品制造业	03 数字技术应用业	05 数字效率提升业
0101 计算机制造	0301 软件开发	0501 智慧农业
0102 通讯及雷达设备制造	0302 电信、广播电视、卫星传输服务	0502 智能制造
0103 数字媒体设备制造	0303 互联网相关服务	0503 智能交通
0104 智能设备制造	0304 信息技术服务	0504 智慧物流
0105 电子元器件及设备制造	0305 其他数字技术应用业	0505 数字金融
0106 其他数字产品制造		0506 数字商贸
02 数字产品服务业	04 数字要素驱动业	0507 数字社会（含智慧教育、智慧医疗）
0201 数字产品批发	0401 互联网平台	0508 数字政府
0202 数字产品零售	0402 互联网批发零售	0509 其他数字效率提升业
0203 数字产品租赁	0403 互联网金融	
0204 数字产品维修	0404 数字内容与媒体	
0205 其他数字产品服务业	0405 信息基础设施建设	
	0406 数字资源与产权交易	
	0407 其他数字要素驱动业	

资料来源：国家统计局《数字经济及其核心产业统计分类（2021）》。

表 2　国际收支口径的服务贸易品类

1 加工服务
2 别处未涵盖的维护和维修服务
3 运输服务
4 旅行
5 建筑
6 保险和养老金服务
7 金融服务
8 别处未涵盖的知识产权使用费
9 通信、计算机和信息服务
10 其他商业服务
11 个人、文化和娱乐服务
12 别处未涵盖的政府服务

注：5–11 品类被国际社会称为“数字可交付服务”。

30

附图 3　《数字经济分类与数字贸易的对应》，《中国统计》2021 年第 8 期发表

此外，2018 年 2 月 26 日，贾怀勤在《第一财经日报》发表《建议开展数字贸易尝试性测度》。这是国内首次提出数字贸易试测度的建议。文章指出对数字贸易规模开展测度的重要性和试测度所应采用的方法。

第一财经日报 February 26.2018

E-mail:huangbin@yicai.com 责编：黄宾

建议开展数字贸易尝试性测度

贾怀勤/文

近两年来，数字经济和数字贸易走进了全球各地领导者的视野，足以说明其重要性。2016年9月，20国集团领导人杭州峰会就高度评价了数字经济，称其为"全球经济增长日益重要的驱动力"，并吁请世界各国"采取行动为数字经济繁荣和蓬勃发展创造条件，促进世界经济发展并惠及所有人"。会议公报中写道："我们欢迎经合组织、国际货币基金组织及其他国家和国际组织在数字经济测度方面所作的努力，认为需要进一步开展相关研究和交流。"在2017年金砖国家领导人厦门会晤上，也表达了同样的关切。

十九大报告中，则提出建设"数字中国"，"拓展对外贸易，培育贸易新业态新模式，推进贸易强国建设"。

数字贸易将为我们建设数字中国和拓展对外贸易提供极好的机遇。那么，什么是数字经济？它为何能成为全球经济增长日益重要的驱动力？什么是数字贸易？对其如何测度？

数字贸易的兴起

1.数字经济的概念和意义。

《20国集团数字经济发展与合作倡议》中

数字贸易如此重要，
各国在讨论市场开放
和贸易管理时，
就需要有国际可比数据做支撑。
笔者建议
对我国开展
数字贸易尝试性测度。
可将服务贸易
分为数字技术可融合服务
和不可融合服务。
所要测算的数字贸易包括：
A.通信服务全部贸易；
B.数字技术可融合服务中
已融合的服务贸易

民经济中占比进一步扩大，也改变着第一产业和第二产业的生产方式，使之升级换代。

此，数字贸易就是电子商务与跨境服务贸易的交集（见图1）。

数字贸易测度的方法

数字贸易如此重要，各国在讨论市场开放和贸易管理时，就需要有国际可比数据做支撑。这个问题目前仍在各个国际组织和各主要经济体的探讨之中。

请读者们来回顾一下国际服务贸易统计的开发过程，这个过程有助于国际社会对数字贸易测度的开发思考。

1994年达成的《服务贸易总协定》，列举了4种服务交付方式，作为测度服务贸易的概念基础。如何把此概念转化成国际统计规范，出现了两种思路：一种是另起炉灶，开发一套全新的统计指标体系和数据采集方法；另一种是基于现有的国际经济统计体系，通过补充性工作，实现4种服务交付方式的数据采集。

由于前一种思路很可能与现有统计体系冲突，且开发时间过长，被放弃。最终按第二种思路于2002年开发出了《国际服务贸易统计手册》。

2017年3月，经合组织的一个统计工作小组提交了一份阶段性研究成果——《测度数字贸易：走向概念性架构》。该研究认为要实现对数字贸易的测度，需要先开发出一个关于数字贸易的概念性架构。世界贸易组织对此表示赞许。这个研究下一步如何进展，有待观察。

2016年，美国商务部《当代商业概览》发表艾莱克西斯·N·格立姆（Alexis N Grimm）的文章《美国的通信技术服务和通

附图4 《建议开展数字贸易尝试性测度》，2018年2月26日《第一财经日报》发表

二、有关数字贸易测度学术讲座和论坛讲演

2019—2022年，贾怀勤应邀在一些学术论坛/研讨会上就数字贸易测度做主题讲演或嘉宾讲演，在高规格培训班上讲授数字贸易测度；还发起和主导了关于数字贸易测度的一系列研讨会，附表2列出了贾怀勤参加的一些学术会议。

在这些会议中，以下几场尤为重要。

附表2 2019—2022年贾怀勤关于数字贸易测度的讲座或与会专家发言

主办方	会议名称	日期	所讲内容
中国世界经济学会、四川大学等	中国世界经济学会国际贸易论坛（2019）	2019年3月23日	嘉宾讲演：数字贸易规则与测度

续表

主办方	会议名称	日期	所讲内容
商务部研究院等	数字经济与数字贸易测度学习会	2020年5月12日	讲座：数字经济与贸易及其测度
商务部、中央网信办、工信部	国家数字服务出口基地建设动员部署会暨数字贸易专家座谈会	2020年9月8日	专家发言
工信安全研究中心	《2020年我国数字贸易发展报告》发布会	2020年10月16日	嘉宾点评
北京市商务局	数字贸易专家研讨会	2020年10月22日	专家发言
中国数字贸易30人论坛	数字贸易口径宽与窄专题研讨	2020年10月25日	专家发言
中国信息通信研究院	2021中国信通院ICT+深度观察报告会	2020年12月15日	对话嘉宾
中贸统学术委员会、工信安全研究中心、商务部研究院服贸所	“数字贸易测度融合比法”专题研讨会	2021年1月6日	主题发言
中贸统学术委员会	第二次数字贸易测度专题研讨会	2021年11月20日	主持
CBS，UNSD，UNCTAD，WTO	“国际贸易统计和经济统计综合应用”国际研讨班	2021年11月23—25日	讲课：数字贸易测度方法、结果和展望
西南财大	青年论坛	2022年4月20日	数字贸易测度的方法、试测度结果和前瞻思考
商务部	数字贸易专家座谈会	2022年6月24日	专家发言
国家统计局培训中心	2008SNA修订国际培训班	2022年9月6日	数字贸易测度
中国国民经济核算研究会	2022年会	2022年11月24日	特邀报告

资料来源：根据有关记录和报道整理。

2019年3月23日，在中国世界经济学会和四川大学等联合举办的

“中国世界经济学会国际贸易论坛（2019）”上做嘉宾讲演“数字贸易规则与测度”。这或许是国内最早一个关于数字贸易测度的学术讲演。

2020 年 5 月 12 日，由中国对外经济贸易统计学会（简称中贸统）学术委员会、国家工信信息安全研究中心（简称工信安全研究中心）和商务部研究院服务贸易研究所（简称商务部研究院服贸所）共同发起“数字经济与数字贸易学习会”（线上），贾怀勤做主题讲座。听众来自该研究院、高校和商务部、中央网信办、工信部有关单位。这个学习会使得贾怀勤受到中央网信办等三家数字贸易主管机关单位的重视，也奠定了数字贸易测度研讨平台的基础。

2021 年 1 月 6 日，由贾怀勤任主任的中贸统学术委员会召开“数字贸易测度融合比法”专题研讨会（元陆会，线上）。会议以腾讯会议形式召开，参加者范围较 2020 年 5 月 12 日的学习会有所扩大，京外一些单位有官员和学者参加。

2021 年 11 月 20 日，中贸统学术委员会召开“第二次数字贸易测度专题研讨会”（元陆会 2.0，线上）。参加者范围进一步扩大，讨论问题更加深入。

2021 年 11 月 23—25 日，中国国家统计局（CBS）、联合国统计司（UNSD）、联合国贸易发展会议（UNCTAD）与世界贸易组织（WTO）合作举办“国际贸易统计和经济统计综合应用”国际研讨班。贾怀勤主讲“数字贸易测度方法、结果和展望”。

附图 5　联合国贸易统计网站

关于“国际贸易统计和经济统计综合应用”国际研讨班的预告。

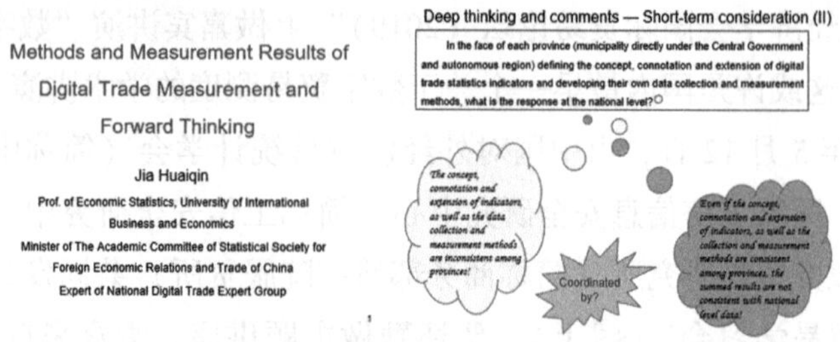

附图 6　贾怀勤在“国际贸易统计和经济统计综合应用”国际研讨班的授课课件

三、与国家数字贸易主管机关互动

中央网络信息办公室（中央网信办）、工信部和商务部都是国家数字贸易的主管机关，它们从不同角度对数字贸易实施管理。商务部具体管理数字贸易业务和统计监测。

（一）2020 年 9 月被国家主管机关聘任为数字贸易专家

2020 年 9 月 8 日，中央网信办、工信部和商务部联合召开“国家数字服务出口基地建设动员部署会暨数字贸易专家座谈会”。会议向中关村软件园等 11 个国家数字服务出口基地颁发匾牌，宣布成立国家数字贸易专家工作组。专家工作组分为专家咨询组和智库支撑组，前者由张伟、贾怀勤等 11 名专家组成，后者包括国内的 15 家智库单位。会上，商务部副部长王炳南做了动员讲话，11 名专家分别发言。

中央网络安全和信息化委员会办公室秘书局
中华人民共和国商务部办公厅

中网办秘字〔2020〕688 号

关于组建国家数字贸易专家工作组的通知

各有关专家、有关单位：

为贯彻落实《中共中央 国务院关于推进贸易高质量发展的指导意见》关于加快数字贸易发展要求，充分发挥专家、智库作用，中央网信办、商务部决定联合组建国家数字贸易专家工作组。

我们研究制定了《国家数字贸易专家工作组成员组成方案》和《国家数字贸易专家工作组工作制度》。请各有关专家、有关单位以国家数字贸易专家工作组为平台，对数字贸易发展中的战略性、全局性和关键性问题开展调查研究，对地方数字贸易试点先导工作进行指导把关，对我国数字贸易政策文件提供咨询建议，推动构建国内国外双循环双促进的数字贸易发展新格局。

联系人：孟庆丽　龙海泉　　55635833　55635832

附件：1. 国家数字贸易专家工作组成员组成方案
　　　2. 国家数字贸易专家工作组工作制度

（此页无正文）

附图 7　中央网信办秘书局和商务部办公厅联合发文
《关于组建国家数字贸易专家工作组的通知》

附件 1：

国家数字贸易专家工作组成员组成方案

一、协调指导组

国家数字贸易专家工作组接受中央网信办和商务部联合指导，由中央网信办信息化发展局会同商务部服务贸易和商贸服务业司组织协调联络，由指定工作组成员承担具体支撑工作。

二、专家咨询组

1. 张　伟　贸促会原副会长、中国服务贸易协会首席专家
2. 贾怀勤　对外经济贸易大学原党委副书记、教授
3. 田杰棠　国务院发展研究中心创新发展研究部副部长
4. 夏杰长　中国社会科学院财经战略研究院副院长
5. 邢厚媛　商务部中国服务外包研究中心主任
6. 沈玉良　上海社会科学院世界经济研究所研究员
7. 马述忠　浙江大学中国跨境电子商务研究院院长
8. 周念利　对外经济贸易大学中国世贸组织研究院教授
9. 左晓栋　中国信息安全研究院副院长
10. 司　晓　腾讯集团副总裁、研究院院长
11. 曾　晨　京东集团副总裁、战略研究院院长

（以上排名不分先后）

三、智库支撑组

3

附图 8　《关于组建国家数字贸易专家工作组的通知》附件一的第一面

（二）在 2022 年 6 月 24 日参加专家座谈会上，盛秋平副部长听取发言

2022 年 6 月 24 日上午，商务部盛秋平副部长及服贸司王东堂司长、王旭阳二级巡视员等一行 5 人到北京市中关村软件园调研。调研结束后，在软件园会议室召开了数字贸易专家座谈会。会议由王东堂主持，软件园总经理张金辉、阿里研究院副院长欧阳澄和贾怀勤等 7 位来自企业、智库和高校的专家先后发言。盛秋平最后做总结讲话。

贾怀勤发言把目前关于数字贸易概念涵盖范畴的界定概括为 20 个字：笼统分宽窄，测度多层面。国际两组织，国内四主张。面对数字贸易不同界定和统计范畴差异，他阐发“认窄识宽，用潜测实”8 字理念并提出了

3点建议。

（三）商务部服贸司有关领导多次参加研讨会

2020—2022年，商务部服贸司有关领导和统计处、数贸处的官员参加了上述各次关于数字贸易测度的学习会和研讨会，听取各方面专家的学术观点和工作建议。

（四）贾怀勤吁请主管部门设立数字贸易测度专题组

2017年9月，笔者写信给有关部门，说："世贸组织提出国际社会面临'数字贸易测度新挑战'。如何应对这个挑战，作为贸易大国和正在迈向贸易强国的中国，应该做出应有的贡献。为此特提出如下建议。"这就是《关于国际数字贸易测度中国应对策略的建议》。

建议指出：世贸组织在《世界贸易统计回顾·2017》书中指出国际贸易圈面临"数字贸易测度新挑战"。这个新挑战在于：如何测度数字贸易的总量规模和特征。中国作为数字经济和数字贸易大国，必须早做准备，至少不能落在国际社会后面。

建议提出，主管部门做出安排，成立"数字贸易概念与测度方法部门间专题组"，由一位部领导主抓；由一个司牵头、协调；吸收部内有关司参加；邀请其他有关部门参加；聘请高校、研究机构及可能的企业的专家参加。

2018年2月26日，《第一财经日报》刊文《贾怀勤建议开展数字贸易尝试性测度》。

笔者先后在中央财经大学国际经济与贸易学院（2019年1月）、中国世界经济学会国际贸易论坛（2019年3月）、商务部国际贸易研究院（2019年8月）和"数字贸易测度学习会"（2020年5月）[①] 做数字贸易及测度方面的讲座，其中均包含以"融合比法"为核心的数字贸易测度方法研究。

① 由商务部国际贸易经济合作研究院服务贸易所主办，中央网信办、国家工业信息安全发展研究中心、中国信息通信研究院和中国工业互联网研究院等单位的研究人员参会，笔者主讲。

建议有关部门借鉴“中国两化数据库”数据试测度的成果，在其重点联系企业调查的框架下进行数字实交服务贸易专项调查。首先，围绕测度实际数字交付服务做好实交比调查。其次，问卷当以实交比为核心问项，设计好概念清晰、层层深入系列问题问卷，组织好调查。调查结果用来推算中国数字贸易规模。最后，建议由数字实际交付服务测度向数字实际订购服务测度延伸。这里所做只是测度数字可交付服务（EBOPS 第 6~11 类）的实交部分，“融合比法”同样可用于测度不可数字交付服务（EBOPS 第 1~5 类，第 12 类）的实际订购部分，这样就能实现“二元三环”架构中“二环”以内的全覆盖。测度手册的数字订购贸易之货物数字订购（跨境电商）由海关统计提供数据，余下的服务数字订购（仅限非数字交付部分）还是要以服务贸易统计数据为基础进行测度。

关于《数字经济与贸易及其测度》PPT 讲稿的首版，2018 年 10 月 28 日，共 70 屏（以下为部分内容）。

建议对中国的数字贸易开展尝试性测度

参考并超越格立姆的分类数据。设立数字技术可融合服务（英文译为 DT-integratableservices）——对应于格立姆的潜在信通技术赋能服务；

数字技术已融合服务（英文译为 DT-integrated services），数字技术可融合服务中业已实现融合的部分。

中国的数字贸易，包括信通技术服务全部贸易；数字技术已融合服务的贸易。

中国是贸易大国，正在迈向贸易强国。中国正在走近世界舞台中心。我们不会满足于仅仅履行组织成员的数据提供义务，我们应当为国际组织的数字贸易测度制度建设贡献中国智慧。中央政府商务主管部门要组织数字贸易对策研究小组开展研究。一方面是对国际组织和美国就数字贸易测度方法和制度的开发进行跟踪研究，另一方面是对中国的数字贸易开展尝试性测度。常识性测度的作用有二：一是为国内各方面需要提供参考性数据，二是为将来参与国际组织数字贸易测度方法和制度的开发提供。

数字贸易
几个基本问题

对外经济贸易大学
贾怀勤

第一部分　关于数字经济
一、数字经济的概念（pp3-15）
二、数字经济的测度（pp16-26）
三、2035展望（p27）

第二部分　关于数字贸易
一、数字贸易的概念（pp28-37）
二、数字贸易的测度（pp39-51）
三、数字贸易规则博弈（pp52-70）

1

对 USITC 三份报告的关注

前两份报告提“美国和全球经济活动中”的数字贸易，第三份只提“全球”数字贸易。与“美国和全球经济活动中”的数字贸易相对应的是后面用词“美国国内商务和国际贸易”（US domestic commerce and international trade）。

- 在美国和国际组织文字表达中，贸易（trade）就是指对外贸易或国际贸易，他们不使用“国内贸易”（internal trade），而称这种经济活动为批零（wholesale and retail）。
- 从 2013 版的“窄”到 2017 版的“宽”，中国国内都注意到了，中国关于数贸的定义多从 2017 版引申而来。但对于 2018 版重归“窄”，没注意到。前两版是一般性定义，后一版是应贸易代表办公室要求写的，专门针对“全球”的，这时美国对外交往和谈判只关注“窄”口径的数贸，即数字化的无形贸易。

2020 年 5 月 11 日，笔者在商务部研究院数字贸易学习会上的讲稿，共 74 屏（以下为部分内容）。

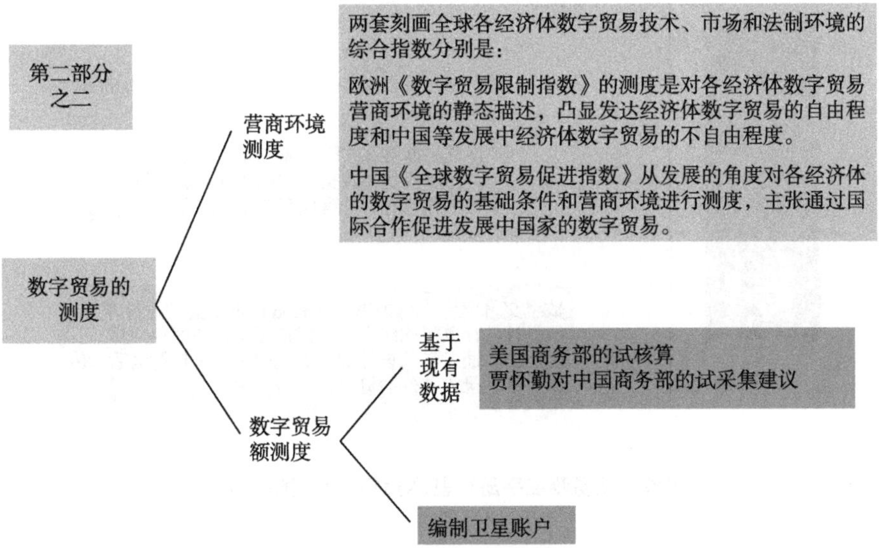

由于现行统计制度不支持获取数字技术可融合服务中已融合的贸易数据，这就需要主管部门采用现行统计制度之外的方式来获得数据，可以有如下三种方式：

（1）在重点企业服务贸易统计监测调查问卷中加入关于各项数字技术可融合服务中已融合的贸易额占比的问题（当然问题的设计要便于企业理解和填报），以重点调查所获占比去测算全部数字技术可融合服务中已融合的贸易额。

（2）借用中国信通研究院发布的2016年服务业各行业数字经济对全行业增加值占比去测算全部数字技术可融合服务中已融合的贸易额。

（3）构建数学模型测算各项数字技术可融合服务中已融合的贸易额。上述3种方式可以单独使用，也可以结合使用。

关键是测算融合比。

2022年9月22日，笔者在中国国贸核算研究会上的报告（以下为部分内容）。

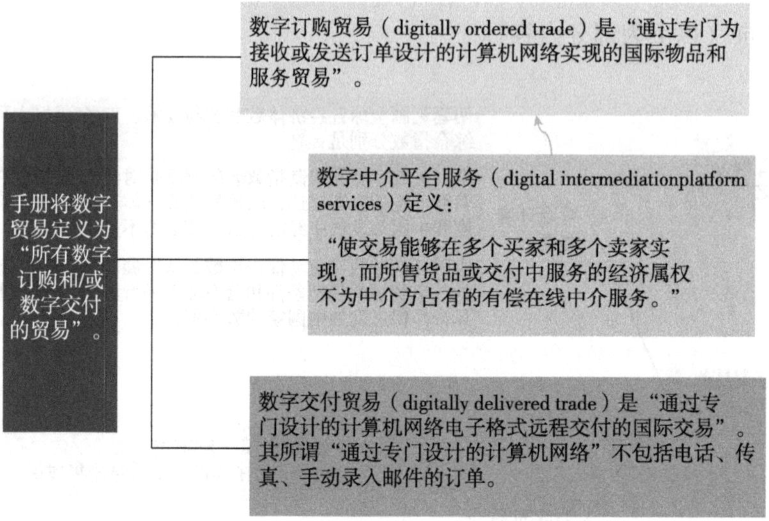
手册将数字贸易定义为“所有数字订购和/或数字交付的贸易”。
数字订购贸易（digitally ordered trade）是“通过专门为接收或发送订单设计的计算机网络实现的国际物品和服务贸易”。
数字中介平台服务（digital intermediationplatform services）定义：
“使交易能够在多个买家和多个卖家实现，而所售货品或交付中服务的经济属权不为中介方占有的有偿在线中介服务。”
数字交付贸易（digitally delivered trade）是“通过专门设计的计算机网络电子格式远程交付的国际交易”。其所谓“通过专门设计的计算机网络”不包括电话、传真、手动录入邮件的订单。

《数字贸易测度手册》基本指标：“两贸+一台”

2018 贾怀勤首先提出开展数字贸易试测度建议

贾怀勤数字贸易测度包括理念和方法两个层面。

首先是树立数字技术与贸易的融合观念，认为这样的融合可以开拓服务贸易新业态，提升服务贸易效能。

然后是定义“融合比”并提供融合比的测度实现对数字（服务）贸易的测度。

贾怀勤的建议由下列要素构成：

一对概念——“数字技术可融合服务”（英文建议译为 DT-integratable services）与“数字技术已融合服务”（英文建议译为 DT-integrated services）；

一个指标——“融合比”，指数字技术已融合服务贸易额在数字技术可融合服务贸易额中的占比；

一种方法：用“融合比”乘以取自国际收支表的经常项目服务子项的数据，得到数字贸易估算数。

在××市数字贸易工作专题研讨会上的发言

对外经济贸易大学教授
国家数字贸易专家组专家　贾怀勤

——2020 年 10 月 18 日

读了市商务局印发的《××市关于打造数字贸易实验区的实施方案》（简称《实施方案》）感到很为振奋。它紧扣中央的新发展理念，立足××市“四个中心”定位，直面“百年未有之大变局”的挑战，致力于“危机中育新机，变局中开新局”，有望乘势而上，将××市打造成中国数字贸易先导者和国际数字贸易“中国方案”的首要贡献者。

我完全赞同《实施方案》所表述的总体思路、发展目标和重点任务。这可以用“三二一”来概括，即：

聚焦三区（××软件园、××国际合作服务区和自贸区××机场片区），形成三位一体的开放格局；

狠抓两个根本：推动数字经济和数字贸易的开放和创新（这也与习近平总书记最近一系列重要讲话精神高度一致）；

聚力一个关键：实现跨境数据安全有序流动。

一、国际贸易的大变局和新机遇

“二战”后的国际贸易，先是货物贸易大发展，接着是服务贸易兴起与货物贸易并驾齐驱，再就是数字贸易登上国际贸易舞台。这三者尽管相继而兴，又相承一脉，但是从业务内涵、规则制度和统计测度方面来看是不同的。

从业务内涵上说，数字贸易不是与原有交易品类的区隔，它通过数字化赋能推动传统的货贸和服贸的交易效率、品类扩充和贸易额增长，这正是商贸界开始对其瞩目并着力推进的理由。

从规则制度看，没有全球性、系统性规章制度，各国力推双边、多边和区域数贸规则；就统计测度而言，尚不存在全球统计规范，《数字贸易测度手册》只是推介各经济体的经验做法。这两方面的现状正是中国的机遇，中国有机会参与国际数贸规则的制定和国际数贸测度方法的开发。而货贸和服贸的规则及统计规范都已被西方发达经济体制定好了，中国只能遵从。

西方资本驱动的全球化已经结束，数字技术驱动的新一轮全球化正在到来。数字贸易的中国方案，应该在业务内涵、规则制度和统计测度三个方面取得建树，将它们贡献给国际社会。

二、落实好《实施方案》需要数字贸易测度支撑

（一）如何增强××市在全球数字贸易领域的先导性、话语权和影响力

《实施方案》提出“增强××市在全球数字贸易领域的先导性、话语权和影响力”。必须以这个高大目标来动员、指导和激励全市上下各方面。

要做到这个“三增强”，建议有以下三重考虑。

1. 两个途径

一是直接的，作为一座中心城市，对世界各国的中心城市的先导性、

话语权和影响力。

二是间接的，××市先获得对国内各省（自治区、直辖市）的先导性、话语权和影响力，为国家参与国际数字贸易业务和全球治理“中国方案”的设计做出贡献。

2. 三个层面

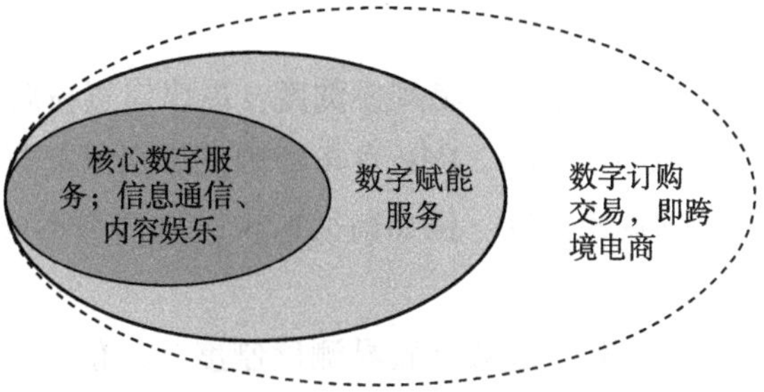

3. 一体两翼

产业发展和行业管理是根本，但是也要依靠法规和测度来支撑。

数字贸易的法律和规则的研究要走在前面，要敢于试，大胆闯。规则围绕数据流动的“安全和有序”做文章，法律服务要跟上。比如，＊＊市提出建立数字贸易争议仲裁庭，××市在这方面是否也要建？××市的法律高端人才很多，司法系统、贸促会系统和高校法学院，要利用好这些资源。

没有测度就没有数据，从而使过程监控和结果评价发虚；没有数据就不能准确做市场分割和市场定位，从而使市场开拓战略发虚。

（二）京沪浙三省市都明确提出数字贸易统计

2020 年 9 月，国务院批复的《深化××市新一轮服务业扩大开放综合试点建设国家服务业扩大开放综合示范区工作方案》主要任务第二条提出“研究境内外数字贸易统计方法和模式，打造统计数据和企业案例相结合的数字贸易统计体系”。

2019 年，《＊＊市数字贸易发展行动方案（2019—2021 年）》在保障措施那一章提出“完善数字贸易统计和指标体系”。

2022 年，《浙江省数字贸易蓝皮书（2022）》提出了 4 条建议，第二条就是“建立标准数字贸易统计制度”。

2022 年，商务局曾起草的《××市关于打造全球数字贸易先导区的实施意见（征求意见稿）》（未出台）把加强统计监测作为第二十条，提出“加强数字贸易统计分类与数据采集，建立健全数字贸易统计体系，明确统计口径，探索测算方法”。

（三）数字贸易测度内容

数字贸易测度首先指数字贸易规模测度：进出口贸易额。

2022 年 3 月 OECD、WTO、IMF 发布的测度手册就是规模测度，联合国贸发会也有相关的规模测度。正如前面所说，这些都不成熟，有待于各国参与再开发。

中国主管部门尚未建立起数字贸易测度制度。工信安研中心落实我的“融合比法”构念，第一个对中国窄口径的数字贸易额做出了测度，并以此分析中国数字贸易的发展态势。

广义的还有数字贸易营商环境测度：采用综合指数法。有 OECD 的数字服务贸易限制指数（还有一个私立智库的数字贸易限制指数）和上海社科院的数字贸易发展指数（包含了营商环境和发展水平）。

（四）对××市搞好数字贸易测度创新的建议

××市在数字贸易测度方面，可以参与全国性数字贸易额测度方法研究讨论并做试测度，更重要的是，开发一级行政区、次级行政区和园区数字贸易的测度方法和实测，在全国起到引领和示范作用。

设想以“三区”对应上图所示三个层面的测度。××软件园侧重于探讨核心数字贸易的测度方法，××国际合作服务区侧重于探讨赋能贸易和 4 种提交模式测度，××机场片区侧重广义的数字订购交易（含跨境电商）测度。三区经验经过提升可以推广到全市。

测度方法开发需要多方合作，涉及商务主管部门、统计部门、高校和院所、行业学会/商会、民间智库和企业。

参考文献

[1] 中华人民共和国商务部. 中国数字贸易与软件出口发展报告 2017 [R]. 2018.

[2] 贾怀勤, 刘楠. 关于数字贸易及其测度研究的回顾与建议——基于国内外文献资料的综述 [J]. 经济统计学（季刊）, 2018 (1).

[3] 贾怀勤. 建议开展数字贸易尝试性测度 [N]. 第一财经日报 (A11).

[4] 裴长洪, 倪江飞, 李越. 数字经济的政治经济学分析 [J]. 财贸经济, 2018 (9).

[5] 马述忠, 房超, 梁银锋. 数字贸易及其时代价值与研究展望 [J]. 国际贸易问题, 2018 (10).

[6] 来有为, 宋芳秀. 数字贸易国际规则制定：现状与建议 [J]. 国际贸易, 2018 (12).

[7] 李俊. 全球服务贸易发展指数报告（2018）——数字贸易兴起的机遇与挑战 [M]. 北京：社会科学文献出版社, 2018.

[8] 贾怀勤. 数字贸易的概念、营商环境评估与规则 [J]. 国际贸易, 2019 (9).

[9] 商务部服务贸易与商贸服务业司. 中国数字服务贸易发展报告 2018 [R]. 2019.

[10] 商务部国际贸易经济合作研究院服务贸易研究所. 数字贸易基本知识读本（征求意见稿）[EB/OL]. 2020.

[11] 郭永泉. 跨境电子商务统计制度和方法研究 [J]. 对外经贸统计, 2021 (3).

[12] 陆海生、方正、张建国. 跨境电商业态全口径统计的研究与应用 [J]. 海关与经贸研究, 2021 (5).

[13] 贾怀勤. 数字贸易测度研究综述和路径方法分析 [J]. 海关与经贸研

究，2021（6）.
［14］方元欣. 对我国数字贸易发展情况的探索性分析——基于 OECD-WTO 概念框架与指标体系［J］. 海关与经贸研究，2020（4）.
［15］杨仲山，张美慧. 数字经济卫星账户：国际经验及中国编制方案的设计［J］. 统计研究，2019（5）.
［16］国际贸易投资新规则与自贸试验区建设团队. 全球数字贸易促进指数报告（2019）［M］. 上海：立信会计出版社，2019.
［17］向书坚，吴文君. 中国数字经济卫星账户框架设计研究［J］. 统计研究，2019（10）.
［18］中国信息通信研究院. 中国数字经济发展白皮书（2017）［R］. 2017.
［19］中国信息通信研究院. 中国数字经济发展与就业白皮书（2018）［R］. 2018.
［20］中国信息通信研究院. 数字贸易发展与影响白皮书（2019）［R］. 2019.
［21］许宪春，张美慧. 中国数字经济规模测算研究——基于国际比较的视角［J］. 中国工业经济，2020（5）.
［22］刘军，杨渊鋆，张三峰. 中国数字经济测度与驱动因素研究［J］. 上海经济研究，2020（6）.
［23］马述忠，沈雨婷，耿学用. 宽口径理解数字贸易的优势［N/OL］. 中国社会科学报，2020（4）.
［24］中国信息通信研究院. 数字贸易发展白皮书（2020）：驱动变革的数字服务贸易［R］. 2020.
［25］国家工业信息安全发展研究中心. 2020 年我国数字贸易发展报告［R］. 2020.
［26］中华人民共和国商务部服务贸易与商贸服务业司. 中国数字贸易发展报告 2020［R］. 2021.
［27］国家统计局副局长鲜祖德解读《数字经济及其核心产业统计分类（2021）》，国家统计局官网，2021-06-03，http://www.stats.gov.cn/tjsj/zxfb/202106/t20210603_1818130.html.
［28］中国信息通信研究院. 全球数字经济白皮书（2021）［R］. 2021.
［29］中国信息通信研究院. 全球数字经济白皮书（2022）［R］. 2022.

[30] 蔡跃洲，牛新星. 中国数字经济规模测算及“十四五”预测 [M] //李海舰，蔡跃洲. 中国数字经济前沿（2021），北京：社会科学文献出版社，2021.

[31] 张美慧. 数字经济供给使用表：概念架构与编制实践研究 [J]. 统计研究，2021（7）.

[32] 沈玉良，彭羽，陈历幸，高疆. 全球数字贸易促进指数分析报告（2020）[M]. 上海：复旦大学出版社，2021.

[33] 贾怀勤，高晓雨，许晓娟，方元欣. 数字贸易的概念架构、指标体系和测度方法初探 [J]. 统计研究，2021（12）.

[34] 罗良清，平卫英，张雨露. 基于融合视角的中国数字经济卫星账户编制研究 [J]. 统计研究，2021（1）.

[35] 李俊. 数字经济与数字贸易理论与实践 [M]. 北京：民主与建设出版社，2021.

[36] 沈玉良. 数字贸易发展转折点：技术与规则之争——全球数字贸易促进指数分析报告（2021）[J]. 世界经济研究，2022（5）.

[37] 沈玉良，彭羽，高疆，陈历幸. 数字贸易发展新动力：RTA 数字贸易规则方兴未艾——全球数字贸易促进指数分析报告（2020）[J]. 世界经济研究，2021（1）.

[38] 乔天宇，张蕴洁，李铮，赵越，邱泽奇. 国际数字生态指数的测算与分析 [J]. 电子政务，2022（3）.

[39] WEBER R H. Digital Trade in WTO-law - taking Stock and Looking Ahead [J]. Asian Journal of WTO and International Health Law and Policy, 2010.

[40] Borga M, Koncz-Bruner J. Trends in Digitally-enabled Trade in Services, 2012 [J/OL], https://www.bea.gov/research/papers/2012/trends-digitally-enabled-trade-services.2012-09-07.

[41] International Trade Commission of the United States. Digital Trade in the U. S. and Global Economies, Part Ⅱ [R]. August 2014 .

[42] International Trade Commission of the United States. Digital Trade in the U. S. and Global Economies, Part Ⅰ [R]. July 2013: 1.

[43] Grimm A N. Trends in U. S. Trade in Information and Communications

Technology (ICT) Services and in ICT-enabled Services [J]. Survey of Current Business, 2016 (9).

[44] International Trade Commission of the United States. Digital Trade 1: Market Opportunities and Key Foreign Trade Restriction [R]. August 2017.

[45] WTO. World Trade Statistical Review 2017 [R]. WTO, 2017.

[46] OECD. Measuring Digital Trade: Towards a Conceptual Framework [R]. OECD Headquarters, 2017.

[47] OECD, IMF. Towards a Handbook on Measuring Digital Trade: Status Update [R]. OECD and IMF, 2018.

[48] Nicholson JR. Measuring Digital Trade in the U. S., Overview of activities at the U. S. Bureau of Economic Analysis, UNCTAD E-Commerce Week [EB/OL], (2018-04-16) [2022-06-05].

[49] UNCTADUNCTAD. IMPLEMENTING A SURVEY ON EXPORTS OF ICT-ENABLED SERVICES, Analytical report on the main findings and lessons learnt from survey implementation during 2017. JUNE 2018: 19-20.

[50] Martina Francesca Ferracane, Hosuk Lee-Makiyama, and Erik van der Marel. Digital Trade RestrictivenessIndex. European Centre Internatioanl Political Economy, 2018. 4. https://unctad.org/system/files/official-document/tn_ unctad_ ict4d11_ en.pdf

[51] OECD, WTO and IMF. Handbook on Measuring Digital Trade, Version 1 [R]. OECD, WTO and IMF, 2020.

[52] UNCTAD. Implementing a Survey on Exports of ICT-Enabled Services-Analytical Report on the Main Findings and Lessons Learnt from Survey Implementation during 2017 [EB/OL]. June 2018.

[53] Ferencz, J. (2019), "The OECD Digital Services TradeRestrictiveness Index", OECD Trade Policy Papers, No. 221, OECD Publishing, Paris. http://dx.doi.org/10.1787/16ed2d78-en.

[54] OECD, WTO and IMF. Handbook on Measuring Digital Trade, Version 1 [EB/OL]. OECD, WTO and IMF, 2020. https://www.oecd.org/sdd/its/Handbook-on-Measuring-Digital-Trade-Version-1.pdf.